"아끼는 사람과 소중한 나를 위한 선물"

오늘은
찬란하게
빛날 거예요

"아끼는 사람과 소중한 나를 위한 선물"

오늘은
찬란하게
빛날 거예요

우윤정, 김희배, 민강미, 이경자, 김소연

밀크북스

[프롤로그]

　우리의 삶은 수많은 일상들로 가득 차 있습니다. 그 속에서 우리는 때로 지쳐가고, 때로는 소소한 기쁨을 발견하며 하루하루를 살아갑니다. 하지만 분주한 일상 속에서도 잠시 멈추어 내가 사랑하는 것들을 떠올려본다면, 우리의 삶은 생각보다 더 따뜻하고 다채롭다는 것을 알게 됩니다.

　내가 사랑하는 것들은 특별하거나 거창하지 않습니다. 아침에 마시는 따뜻한 커피 한 잔, 책장을 넘기며 느껴지는 종이의 촉감, 아이들과 나누는 소소한 대화, 창밖으로 비치는 햇살 한 조각. 이런 평범한 순간들이 모여 나의 하루를 빛나게 하고, 삶을 더 풍요롭게 만듭니다.

우리는 때로 사랑이라는 감정을 어렵고 복잡하게 생각하곤 합니다. 그러나 그것은 실은 일상의 가장 단순한 순간들에 스며들어 있습니다. 어머니의 정성이 깃든 한 끼 식사, 친구와의 따뜻한 대화, 마음속 깊은 곳에서 느껴지는 어떤 장면의 아름다움. 그 모든 것들이 모여 우리를 이루고, 우리의 삶을 더 빛나게 만듭니다.

이 책은 내가 사랑하고 행복하게 하는 것들에게 대한 이야기입니다. 잊고 지냈던 소중한 것들, 너무 가까워 당연하게 느껴졌던 순간들 속에서 발견한 작은 행복들이 담겨 있습니다. 글을 읽으며 여러분도 자신만의 사랑하는 것들을 떠올리고 그 속에서 소중한 의미를 찾아가기를 바랍니다.

    삶은 종종 빠르게 흘러갑니다. 하지만 그 안에서 소중한 것을 놓치지 않기 위해 우리는 잠시 멈출 필요가 있습니다. 나 자신에게 솔직하게 묻고 답하며, 진정으로 마음이 끌리는 것들을 알아차리는 순간, 우리의 하루는 더 풍요로워지고 특별해집니다. 여러분의 삶에는 어떤 사랑이 깃들어 있나요? 지금 곁에 있는 소중한 것들을 떠올리며 이 책의 첫 페이지를 열어보세요.

우리 모두가 살아가면서 놓치기 쉬운 사랑의 순간들을 다시 마주하고, 그 안에서 따뜻함을 느낄 수 있기를 진심으로 소망합니다. 이 작은 여정이 여러분의 하루를 조금 더 밝게 비추길 바랍니다.

2025. 1.

김소연

목차

[프롤로그]   004

첫 번째 이야기

편안하지만 도전하는 것을 사랑하는 그녀(우윤정)

1. 보고 있으면 기분이 좋아지는 귀여운 할머니   015

2. 데드리프트가 뭐라고   023

3. 마흔에 입는 크롭티   032

4. 나의 인생 영화 로맨스   042

5. 일상에 벗어나고 싶어 떠납니다   049

6. 읽고 썼더니   058

두 번째 이야기

그 모든 순간을 사랑하는 그녀(김희배)

---

1. 읽고 생각하고 쓰기   067

2. 배운 게 도둑질이라고   076

3. 지난 늦봄의 여행이 너무 좋았어   085

4. 내 아빠예요   094

5. 아날로그 인간   102

6. 오늘 그리고 지금   109

세 번째 이야기

살며, 사랑하며, 기도하는 그녀(민강미)

1. 탁월함을 향한 발걸음   119

2. 내가 가진 복을 깨닫는 순간   127

3. 작은 생명이 내게 준 선물   135

4. 꿈을 만나러 가는 여정   143

5. 슬기로운 농촌생활   153

6. 달 아래 고요한 시간   160

네 번째 이야기

행복의 비밀을 탐색하는 그녀(이경자)

1. 내 사랑 짝꿍 아프지 않기를   169

2. 발과 함께 한 모든 날   176

3. 초록 찻잔의 추억   183

4. 내가 살고 싶었던 사랑하는 바다   190

5. 산책과 계단 오르기는 나의 엔돌핀   197

6. 약방에 감초 같은 김밥   205

7. 일출과 일몰의 맛집 나의 안식처   211

다섯 번째 이야기

이제야 삶에 대해 알아가는 그녀(김소연)

1. 무계획이 계획인 여행	219
2. 가족이 함께하는 슬기로운 덕후 생활	227
3. 우연히 시작한 일본어, 꼬리에 꼬리를 물다	234
4. 배움이 선물한 작은 기적들	244
5. 사춘기 아이들과 갱년기 부부의 일상 드라마	255
6. 나를 사랑하는 연습	264
[에필로그]	273

첫 번째 이야기

편안하지만
도전하는 것을
사랑하는 그녀

우

윤

정

-

"사랑하는 사람하고 새로운 곳에서 추억을 쌓는 것은 그 무엇보다 바꿀 수 없는 소중한 값진 경험이었다. 그 이후, 나는 딸과 어떨 때는 언니와 또는 엄마와 친구들과 여행 파트너를 바꾸며 여행을 다녔다. 여행을 다녀온 후, 내 일상은 전과 다름없이 팍팍했지만, 한동안은 여행지에서 좋은 기억들로 일상을 살아갈 수 있었다."

1. 보고 있으면 기분이 좋아지는 귀여운 할머니

　나는 요즘 물리치료를 받고 있다. 장시간 노트북 사용, 쉴 때는 소파에 기대어 핸드폰을 하거나 책을 읽었던 습관들이 문제였는지, 올 초부터 어깨가 아프더니 서서히 목까지 아파왔다. 시간이 지나면 괜찮겠다는 안일한 생각이 잠을 못 잘 정도의 고통으로 이어지자 끝내 병원에 갔다. 의사 선생님은 목디스크 같다고 약 처방과 물리치료를 권했다. 물리치료는 한 시간 정도 소요되었다. 물리 치료실은 칸막이로 여러 곳이 나뉘어 있었고, 치료할 때는 핸드폰을 하기가 힘들어 선잠을 자거나 멀뚱멀뚱 있어야만 했다. 나는 할 일 없이 멍하니 있다가 자연스레 옆에서 말하는 소리를 엿듣게 되었다.

"주말인데, 어디 놀러 가지 않고 힘들켜.(힘들겠다.)"
"괜찮아요. 어차피 일 안 해도 어디 놀러 가지 않거든요."
"왜? 한창 젊은땐디 놀러가사주.(젊은데, 놀러가야지.)"
"친구들이 바빠요. 대학교 시험 기간이라 시간도 없고, 친한 친구들은 다 육지에 있거든요."
"아고. 기이?(정말?)"
"네. 저는 일이나 열심히 해야죠."

할머니와 간호사의 대화였다. 그 둘은 한참을 이야기했다. 할머니와 간호사의 나이 차는 아마 50년은 족히 넘어 보였다. 하지만 할머니는 다정하게 간호사를 손주 보듯이 그녀의 이야기에 귀 기울여

주고, 맞장구도 쳐주며 대화를 이어가고 있었다. 나는 속으로 할머니가 대단해 보였다. 할머니 입장에서는 주말에 만날 친구가 없는 간호사의 고민이 크게 걱정거리가 아닐 수 있다. 하지만 할머니는 간호사의 사소한 이야기도 진심으로 반응해 주었다. 차갑게 보였던 간호사의 말문을 트이게 만드셨다. 이토록 귀여운 할머니라니. 할머니의 얼굴을 보며 입가에 미소가 번졌다.

또 다른 날 찾은 물리치료실. 그날은 비가 오고 있었다. 물리치료를 다 끝낸 할머니가 간호사에게 비가 오느냐고 물었다. 간호사는 지금은 비가 살짝 개인 것 같다고 하니 할머니는 잘됐다며 웃으셨다. 그러고는 주머니에서 주섬주섬 뭔가를 꺼내시더니 간호사 앞에 놓으셨다. 그것은 호박엿 사탕. 옆에 있던 다른 간호사랑 같이 먹으라며 두 개를 놓고 가셨다. 말 한마디에 보답하고 싶었는지 사탕을 꺼내 드는 할머니가 사랑스러웠다. 바쁜 현대사회, 서로에게 냉정해지는 관계에서 할머니의 작은 배려가 더욱 돋보였다. 몽글몽글 내 마음이 따뜻해졌다.

나는 책을 고를 때, 할머니 작가가 쓴 책이 보이면 기분이 좋아진다. 책을 쓰는 일이 여간 힘든 일이 아니다. 고령에도 열정을 잃지 않는 게 쉽지 않을 텐데, 나이 어린 독자들에게 자신의 지혜와 통찰을 나눠주는 마음이 참 예쁘게 느껴진다. 그래서 나는 그런 노고에 감사히 생각하며 책을 집어 든다. 그중에서 두 분의 할머니 작가가 인상 깊었다.

한 할머니는 『나이 들수록 인생이 점점 재밌어지네요』를 쓴 와카야마 마사코상이다. 할머니는 80대 나이에 노인을 위한 게임을 만들고 싶어 연구하다가 스마트폰 앱을 개발해서 화제가 되셨다. 할머니는 컴퓨터 관련 직종과는 상관없는 은행원이었다. 퇴직하고 처음으로 디지털 기술을 접하시게 되었고, 흥미를 느껴 공부하다 앱까지 만들게 되었다고 한다. 온라인 세계에 매력을 느껴 페이스북에 친구를 만나고 영어가 안 되지만, 구글 번역기를 활용해서 해외여행도 다니시는 모습이 참 근사하게 보였다.

또 다른 할머니는 60살에 스페인이 좋아 어학연수를 떠난 『60, 외국어 하기 딱 좋은 나이』저자 아오야마 미나미상이다. 할머니는 직접 어학원과 홈스테이를 구한 후, 젊은 친구들과 부대끼며 공부를 한다. 본문에 같은 또래 할머니 자매가 운영하는 홈스테이에서 자신보다 나이가 많은 학생을 보았느냐고 묻는 대목이 나온다. 자매는 80살 노부부가 공부하러 왔다고 당신은 한창 젊은 나이라고 말하는 내용을 보면서 웃음이 나왔던 기억이 있다.

 우리가 생각하는 퇴직 후 노인들은 시간이 남아돌아 집 근처 공원에서 산책이나 운동을 하는 모습이 떠오른다. 혹은 같은 나이대 사람끼리 모여 노인정에서 수다를 떨거나 화투나 장기를 두는 모습을 상상한다. 노인을 보고 찬란한 세대라고 생각하는 사람은 거의 없다. 저물어 가는 세대. 언제 죽어도 억울하지 않고 이상할 게 없는 세대라고 생각하는 사람이 많겠지만, 두 분의 할머니는 그 어느 세대보다 찬란하고 빛나는 세대를 살고 있었다. 할머니들은 세상이 규정한 나이에 얽매이지 않고, 동년배와 비교하지 않고 그저 하고 싶은 일을 하며 매일 즐겁게 보내는 공통점이 있었다.

살다 보면 가끔 과거를 회상하며 나이 들었다고 생각하게 된다. 이렇게 자신의 나이를 생각하지 않고 지금 하고 싶은 것에 도전하는 할머니들을 보며 나는 현재가 가장 젊고, 더는 망설일 것도, 나이 때문에 못 할 일은 없다고 느꼈다.

나이가 들면 자신이 어떻게 살아왔는지 얼굴에 드러난다고 한다. 한평생 자식들을 위해 밭에서, 바다에서, 시장에서, 회사에서 자신의 터전에서 젊은 날을 보내셨던 할머니들. 고단한 삶 속에 풍파도 많고 상처도 많아서 얼굴에 다 드러나겠지만, 그 사람이 가진 영혼의 색은 바래지 않는다. 영혼의 순수함을 쭉 지켜온 모습이 내 눈에 귀여운 할머니로 비친다. 순박한 웃음, 뽀글뽀글한 파마, 꽃무늬 옷, 주름진 얼굴, 구부러진 등, 크로스 가방에 약봉지 끼고 총총 걸어가는 모습까지도 하나하나 다 사랑스럽다. 나도 귀여운 할머니를 바라보며 삶이 나에게 어떤 달콤한 유혹을 해도 퇴색하지 않고, 나를 잃지 않으며 나이 들어가고 싶다.

오늘은 찬란하게
빛날 거예요

2. 데드리프트가 뭐라고

    작년 가을. 새로운 일을 하게 된 나는 바쁜 일상을 보내고 있었다. 익숙지 않은 일에 잔뜩 긴장하고 있었던 걸까. 아침에 일어나는 데 몸이 천근만근이었다. 알람 소리에 부랴부랴 벌떡 일어나는데 순간 정신을 잃었다. 눈을 떠보니 이불 위였다. 깜짝 놀란 아이가 나를 불렀다. 나는 그때까지 내가 기절했는지도 몰랐다. 일어나보니 어지러웠고 잠깐 중심을 잃고 쓰러졌나 생각했다. 하지만 아이의 말은 달랐다. 엄마가 아~굉음 소리를 내며 기절했다는 거였다. 3초간 누워 있다가 정전된 불이 켜진 것처럼 눈을 떴다고 떨리는 목소리로 말했다.

아이를 달래고 학교에 보낸 후, 처음 있는 몸의 이상증세에 나는 걱정이 앞섰다. 바로 병원으로 가서 검사를 받았다. 다행히 검사 결과에는 큰 이상은 없었으나, 콜레스테롤 수치가 정상범위보다 훨씬 높았다. 선생님은 나에게 운동은 하냐고 물었다. 나는 "매일 걷는데요." 자신 있게 대답했다. 걷는 것은 노인분들이 하는 거고, 그건 운동이 아니라고 나에게 일주일에 3번 이상 몸에 땀이 뻘뻘 흘릴 정도로 고강도 운동을 하라는 지시를 내리고 3개월 후에 다시 피검사를 하자고 했다.

집에 돌아오는 길. 나는 암울한 생각이 들었다. '유독 혈액 관련해서 안 좋은 외가 쪽 유전자가 마흔이 넘으니, 나에게도 찾아왔구나. 이렇게 살다가는 뇌경색, 심근경색 등 한순간에 저세상 사람으로 가는 거 아냐. 이렇게 생을 마감할 수 없지. 운동을 하자. 어떤 운동을 하면 좋지. 근력 운동에는 헬스가 최고지.' 나는 집에서 제일 가까운 헬스장으로 향했다. 운동을 배워야지 하면서 한참을 미뤘던 내가 발등에 불이 떨어지자 살고 싶어 쏜살같이 피트니스센터로 달려갔다.

헬스장은 여느 때와 같이 대폭적인 할인 행사를 하고 있었다. 일단 6개월만 해볼까 했는데 얇디얇은 귀 때문에 초심자로서는 부담스러운 15개월 헬스장 이용권을 끊고, 트레이너 선생님이 지금 관리하지 않으면 뇌출혈의 위험이 있다는 나의 정곡을 콕 찌르는 바람에 6개월 PT도 덜컥 신청해 버렸다. 그리곤 나는 합리화했다. 그래 살면서 나에게 이렇게 투자한 적이 없었는데 이번에 확 몰아서 했다고 치자. 남들 다 가는 피부과도 안 갔는데 이 정도 나에게 쓸 수 있지. 운동은 한 번 배우면 계속 써먹을 수 있잖아. 그렇게 난 거액의 목돈 본전을 뽑자는 마인드로 열정적인 학생으로 변신했다.

나의 알 수 없는 유튜브의 알고리즘은 차츰 헬스 관련 영상으로 가득 찼고, 매번 수업 때마다 배운 것을 잊지 않기 위해 헬스 일지도 쓰자고 굳건히 마음먹었다. (작심삼일. 일지 쓰는 것은 역시 쉽지 않다.)

첫 수업 날. 코치님은 우선 나에게 인바디 검사를 하자고 하셨고. 그동안 나의 잘못된 식습관을 들킨 것처럼 지표는 낱낱이 안 좋은 신호들을 나타내고 있었다. 코치님은 "체중과 근육량, 체지방 비

율이 근육량이 많은 D형이 건강한 몸인데, 회원님은 체지방이 압도적으로 많은 C형이네요. 앞으로 체지방은 줄이고, 근육량을 늘리기 위해 열심히 해봅시다." 말하며 파이팅넘치셨다. 나는 '얼마나 긴 고행이 기다리고 있을까?' 약간 긴장이 됐다.

학창 시절 가장 싫어했던 과목은 체육이었다. 80%의 수포자를 낳은 가장 싫은 과목. 절대적 최강자 수학이 아닌 체육이었으니 내가 얼마나 과격한 운동을 싫어하는지 알 수 있다. 그런 내가 마흔이 돼서 남성 호르몬 운동의 끝판왕 헬스를 하고 있다. 여기저기 으아합~ 마치 사자가 포효하듯 기합 소리 한 가운데 나지막이 끙끙 소리를 내며 열심히 무게를 치고 있는 나를 보면 신기하다.

운동하면서 가장 재밌었던 운동은 데드리프트였다. 여기서 과거형으로 말한 것은 지금은 아니다. 그 이유는 정말 힘들기 때문이다. 데드리프트는 엉덩이와 허벅지 힘으로 바닥에 있는 바벨을 들어 올리고 다시 내리는 운동이다. 나의 고질적인 거북목을 교정할 수 있는 운동이라 좋아했었다. 10Kg도 힘들게 들던 내가 20, 30, 40Kg까지 괴력의 힘을 쓰면서 들어 올릴 때마다 희열을 느꼈다. 코치님은 그런 나를 더 자극하듯이 100Kg까지 들 수 있다며 무게를 올렸다. 너무 잘하려고 했던 것일까. 점점 내가 감당할 수 없는 무게에 도전하면서 나는 무서워지기 시작했다. '이렇게 하다가 허리가 삐끗하면 어쩌지. 나 이거 과연 들 수 있을까. 나 못 들 것 같은데.' 이런 불안이 슬금슬금 올라오더니 이제는 데드리프트 바벨만 봐도 공포의 물건이 돼버리고 말았다. 정신이 몸을 지배한다고 했던가. 어느 순간 나는 데드리프트 앞에만 서면 작아졌고, 무게를 점점 낮추는 퇴행까지 하고 말았다.

좋아했던 데드리프트가 갑자기 싫어지면서 헬스도 가기 싫어졌다. 그렇게 나에게 헬태기가 오고 말았다. 선생님은 움츠러든 나를 직감하셨는지 이렇게 조언하셨다. "저 역시도 무게의 부담감으로 몇 달을 좀 더 가벼운 무게로 운동을 한 적이 있었어요. 조급해하지 말자. 마음을 다잡고 계속 시도했어요. 안되면 말고, 될 때까지 해보자. 그러더니 몇 달 후 목표했던 무게를 치더니 그 이후로 쑥쑥 무게를 칠 수 있었어요. 회원님도 할 수 있어요." 언제나 강인할 것 같은 코치님의 말을 듣고 나는 용기를 얻었다. 지금은 무게에 연연하지 않는다. 내가 할 수 있는 선에서 횟수를 늘리며 하고 있다. 전보다 빠르게 근육량이 늘지는 않지만, 꾸준히 해보려고 한다.

단기간에 몸을 만들어 바디프로필을 찍을 것이 아니고, 건강한 에너지를 만들어 꾸준히 운동하고 싶기 때문이다.

　　나의 운동 시작은 순전히 자의가 아니라 상황 때문에 하게 되었다. 하고 싶지는 않지만 꼭 해야 할 일이 돼서 처음은 좌절했지만, 지금은 운동을 그 어떤 것보다 사랑한다. 나는 힘든 일이 있을 때마다 운동으로 마음을 다스렸고, 언제나 빨리 성과를 내야 하는 급한 성격에서 느긋이 꾸준히 하는 사람으로 살아야겠다고 마인드가 바뀌었다. 나의 한계를 단정 짓지 않고, 조금씩 도전해 보는 사람이 되었다. 또한 작고 소중한 내 근육의 호기심도 생겼고, 내 몸을 사랑하게 되었다. 이제는 운동이 나의 삶에 한 부분으로 자리 잡고 있다. 오늘도 나는 잘 안되는 데드리프트에 씨름하며 좌절하고 있지만, 데드리프트가 뭐라고. 안되면 될 때까지 하면 된다는 마인드로 운동에 진심을 다하고 있다.

3. 마흔에 입는 크롭티

　나의 아버지는 멋쟁이다. 일흔세 살 백발이 무성한 노인이지만, 언제나 옷은 젊게 입는다. 요즘에는 젊은 사람들이 많이 가는 SPA 매장에서도 옷을 사신다. 아버지는 재빠른 트랜드에 맞춰진 다양한 많은 옷 중에서 자신에게 어울리는 옷을 찰떡으로 찾으신다. 노년의 중후함을 잊지 않고, 곳곳에 트랜디함을 매치하면서 아버지 친구 중에서 돋보이는 패션 감각을 자랑하신다. 가끔은 사이즈가 안 맞거나 색깔별로 사신 옷 중에서 필요 없는 것을 나에게 주시곤 한다. 32살 차이 나는 아버지 옷을 입으면 뭔가 안 어울릴 것 같지만, 그 옷 어디서 샀냐고 물어보는 지인들이 있을 정도로 나에게도 어울리는 옷이 있다. 또한 아버지가 착용한 아이템 중에서 내가 마음에 들어 따라 산적도 몇 번 있다. 그 나이에 어떻게 저런 센스를 잃지 않은 지 새삼 놀라곤 한다.

아버지의 피를 물려받았는지 나는 옷을 좋아한다. 나의 옷 사랑은 사춘기 시절부터 시작됐다. 소풍이나 학교 행사가 있는 날은 나에게 한창 바쁜 시기다. 쇼핑하기 전부터 최신 유행 옷이 어떤 건지 살핀다. 단골 옷 가게부터 시작해서 시내 곳곳에 옷 가게를 둘러보며 시장 조사를 한다. 그리고 쇼핑하는 날, 머릿속에 매치했던 옷을 입어보고 산다. 그날은 패션에 관심은 있지만, 어떻게 입어야 할지 모르는 친구들이 나에게 조언을 구하기 때문에 친구들 옷도 봐줘야 해서 바쁘다. 나는 친구들 이미지와 체형에 맞춰 매력을 돋보일 수 있는 옷을 골라주고 친구가 만족해하는 표정을 지을 때 행복감을 느꼈다.

대학에 와서도 내 패션 사랑은 계속됐다. 친구들과 쇼핑가게 되면 친구들은 평상시에 무난하게 입을 수 있는 옷을 고른다. 무채색인 경우가 많고, 디자인이 튀지 않는 쪽을 선호한다. 하지만 나는 데일리 복장에 대한 것을 신경 쓰지 않는다. 즉흥적으로 내가 원하는 스타일의 옷이면 바로 샀다. 남들이 입기 부담스러운 핫 핑크나 형광 연두색, 화려한 프린트가 된 옷도 마다하지 않았다. 몇 번 입으면 그 옷 또 입냐고 사람들이 생각할 수 있을 정도로 튀는 옷이었지만, 나는 좋아하면 자주 그 옷을 입었다. 그래서 친구들 사이에서는 패션 센스가 좋은데, 자신들이 도전하기에는 부담스러운 옷들이 많다는 이야기를 많이 들었었다.

대학을 졸업하고 직장생활 할 때도 나는 월급의 30%는 꼭 옷을 샀었다. 다른 친구들은 피부관리실이나 운동 등에 돈을 쓸 때, 나는 무조건 옷에 투자했다. 많지 않은 월급이었기 때문에 백화점 옷은 자주 못 사서 주로 보세에서 옷을 샀다. 회사 끝나고 동대문 프라자, 명동 주위에서 쇼핑을 즐겨 했다. 또한 집 주위에 작은 옷 가게가 있었는데, 거기 사장님과 내 취향이 100%로 일치해서 거기 옷을 자주 샀다. 새로 산 옷을 입고 회사에 가면 여직원들이 항상 물었었다. 어디서 옷을 사냐?, 오늘 옷 너무 예쁘다. 여직원이 많은 회사에서 나의 패션센스를 인정받을 때, 나는 왠지 모를 희열감을 느꼈다.

그러다 본격적으로 옷 사업에 뛰어볼까 싶어 회사를 퇴사하고 옷 가게를 한 적이 있다. 내 취향 가득한 옷을 사입하고 디스플레이할 때, 내 취향을 알아봐 주고 또 오는 단골손님이 생겼을 때, 나는 성취감을 느꼈다. 하지만 시간이 흐를수록 반복되는 일상과 업무에 지쳐갔고, 나는 남을 꾸며주는 것보다 나를 꾸미는 것을 더 좋아하는 사람이라는 것을 느꼈다. 그리고 임신하면서 자연스레 옷 가게를 정리하게 되었다.

임신하고 출산하면서 몸이 아가씨에서 아줌마 몸이 되었고, 고된 육아에 점점 나는 패션과 멀어지게 되었다. 육아하기 편하고, 저렴한 옷을 선호하게 되었다. 가끔 아가씨 친구들의 멋진 옷을 보며 부러움이 있었지만, 친구들처럼 꾸밀 에너지도 열정도 사라져 버렸다. 나를 꾸미는 대신 패션에 대한 사랑은 아이에게로 전해졌다. 나는 후줄근할지언정 아이는 예쁘게 꾸미고 싶었다. 옷 가게 하던 시절, 어떤 엄마가 아이들 옷 쇼핑백은 가득하면서 자기 옷을 사려고 제일 저렴한 행거 쪽 옷을 찾고, 그것 또한 살지 말지 고민하는 모습을 보면서 이해가 안 됐었다. 그런 내가 엄마가 되고 보니, 그때의 엄마와 똑같은 행동을 하고 있었다.

그렇게 난 나를 잊은 채, 마흔이 되었다. 아이는 이제 사춘기로 접어들었다. 예전에는 내가 사준 옷을 입었던 아이가 이제는 자신의 개성을 내세우며 직접 쇼핑한다. 이젠 엄마 손이 필요 없는 나이가 되니, 내 시간이 많아졌다. 그러다 보니 나의 패션 본능도 깨어나고 있다.

저번에 아이와 해수욕장에 놀러 간 적이 있다. 몸에 핏이 되는 크롭티에 카고바지를 입고 쨍한 볼캡을 쓴 어떤 20대 여자가 눈에 들어왔다. 건강미가 물씬 느껴지는 그 여성분이 너무나 아름다웠다.

나는 집으로 돌아와 폭풍 검색을 했다. 최대한 그 여성분이 입었던 옷을 찾고 주문을 해버렸다. 옷이 도착했다. 손바닥만 한 티를 보고 옷이 제대로 왔는지 확인했다. 내 옷이 맞았다. 딸아이도 안 입을 아동복같은 작은 사이즈의 옷을 꾸겨 넣어 입어보았다. 아이에게 이 옷 어떠냐고 물었다. 아이는 나를 쓱 보더니 통화하고 있는 친구와 이런 대화를 했다.

"잠깐만, 엄마가 쇼핑한 옷 어떠냐고 물어봐서."
"그래? 어떤 옷인데?"
"크롭티."
"엥? 너네 엄마 크롭티 입어?"

수화기 너머로 들려오는 친구의 목소리는 상당히 놀란 듯했다. 그것도 그럴 것이 자기네들이 입는 크롭티를 아줌마가 입는다니 상상이 안 되겠지.

아이는 "음. 옆구리 살이 좀 있는데, 나쁘지 않아."
라며 다소 솔직한 감상평을 말하며 친구와 대화를
이어갔다.

거울 속에 비친 나를 바라봤다. 아가씨 때처럼
잘록한 허리, 매끈한 배는 없지만, 나름 젊어 보였
다. 세미 크롭티를 사서 다행이었다. 살짝 보일 듯
말 듯한 허리선이 나의 옆구리 살이 있는지 없는지
착시효과를 불러일으켰다.

처음 크롭티를 입고 간 날, 이 나이에 주책이
지 않을지 망설였지만, 지금은 잘 입고 있다. 크롭
티에 맛 들여 그 이후 3, 4벌 정도의 옷을 더 샀다.
크롭티에 맞는 몸매가 되기 위해 다이어트도 하게
되었다.

크롭티는 다시 나에게 패션에 대한 흥미를 꺼내주었다. 입고 싶은 옷들이 많아졌다. 처녀 때는 날씬해서 온라인에서 산 옷들이 거의 맞았다. 나이가 드니, 온라인에서 옷을 주문하면 얼굴과 옷이 따로 노는 상황이 벌어졌고, 나의 패션 감각은 10년 전, 30대 초반으로 맞춰져서 지금의 트랜드와 괴리감이 생겨났다. 이제는 나의 패션은 한물갔다고 우울했는데 크롭티을 입으면서 다시 젊었을 때로 돌아간 듯했다.

마흔에 크롭티를 입는다면, 누군가는 나잇값 못한다고 할 수 있다. 하지만 나는 이제 나이와 나의 패션에 대한 열정을 같이 묶고 싶지 않다. 중년이 되면 점잖게 입어야 한다는 선입견을 깨고 싶다. 물론 얼굴과 너무 안 어울리는 20대 패션을 선호하는 것은 아니다. 얼굴과 옷이 크게 괴리감이 없다면 나는 앞으로 내가 입고 싶은 옷을 입고 싶다. 아버지처럼 할머니가 되어도 젊은 사람들이 가는 옷 가게에 가고, 나만의 스타일로 소화하는 그런 멋쟁이 할머니가 되고 싶다. 후에 '80에도 입는 크롭티'라는 글을 오마주해서 쓰는 나를 상상하며.

4. 나의 인생 영화 로맨스

　20대 중반. 크리스마스였다. 남자친구도 없는 외로운 성탄일에 언니와 기분전환 좀 할까해서 조조로 영화를 보러 갔다. 마땅한 영화가 없나 고르던 중, 한 영화가 눈에 들어왔다. 〈로맨틱 홀리데이〉 주드로의 멋진 외모가 눈을 사로잡아 안 볼 수가 없었다.

　로맨틱 홀리데이는 실연에 빠진 두 여자주인공이 아픔을 이겨내 보고자 서로 사는 곳을 바꿔 여행하면서 거기서 맺어진 인연과 사랑에 빠지는 내용이었다. 그때 당시 첫사랑을 못 잊어 힘들어할 때여서 많이 공감했다. 나를 힘들게 했던 구질구질한 인연은 정리하고, 새로운 사람과 나답게 연애하는 모습이 보기 좋았다. 영화를 다 보고, 찔끔 눈물이 나왔다. 멀리 떨어져 있고, 현실적으로 커플이 되기 힘든 상황이지만 그럼에도 사랑하기에 그 상황을 극복하려는 두 남녀 주인공에게 감동받았다. 그 이후로 나는 로맨스 영화에 빠지게 되었다.

주말이 되고 빈둥빈둥하게 되면 나는 영화를 검색했다. 나의 영화 목록은 항상 로맨스 영화였다. 사람들이 추천하는 영화를 하나하나 보며 격파하는 것은 묘한 성취감도 느꼈다. 노트북, 노팅힐, 라라랜드, 비포선라이즈, 러브액츄얼리, 말하고 싶은 비밀, 클로저, 어바웃타임, 이터널 선샤인, 비긴 어게인, 이프온리, 화양연화 등 로맨스 영화에서 유명한 영화는 거의 다 봤는데 내 가슴에 콕 들어온 영화는 없었다. 그러다 우연히 내 인생 영화를 만나게 되었다.

오랜만에 친정엄마와 아이를 데리고 여행길에 올랐다. 10시간 장거리 비행을 해야 해서 무료한 시간을 영화로 때워야 했다. 몇 편의 영화를 보다 지겨워 스크롤을 내리는 데 운명적 만남처럼 강렬한 영화 포스터가 내 눈길을 끌었다. 바로 재생을 눌렀다. 러닝타임 110분. 나는 한시도 스크린에 눈을 뗄 수가 없었다. 그리고 마지막 장면에서 손을 입에 갖다 대고 흐르는 눈물을 참느라 힘들었다. 만약 집이었으면 나는 오열을 했을 것이다. 옆에 있던 아이는 놀랐는지 엄마 왜 우느냐고 물었다. 빨개진 눈으로 아이를 보며 "영화가 너무 슬퍼." 아이는 무슨 영화 한 편으로 이렇게 우는지 이해가 안 되는 눈치였다.

영화의 줄거리를 간략하게 설명하자면 한 남자가 있었다. 그 남자는 누가 봐도 훤칠한 외모에 큰 키, 부유한 집안, 능력 있는 지금 말하는 육각형의 남자였다. 그러던 어느 날, 출근하다 불의에 사고를 당하면서 전신 마비가 되고 만다. 남자는 절망했다. 한순간에 누구나 부러워하는 삶을 살다가 이제는 누구의 힘을 빌리지는 않고서는 혼자 살지 못하는 사람으로 변했다. 미래도 없고 죽음만 생각하고 있던 남자에게 어떤 여자가 나타난다.

그 여자는 새로운 간병인이었다. 남들이 보면 좀 촌스럽다고 생각할 독특한 패션 센스를 가졌고, 활발함이 넘치다 못해 조금은 수다스러운, 표정에서 속마음이 다 드러난 여자였다. 남자가 아무리 심한 말을 해도, 이상한 행동을 해도 언제나 환하게 웃으며 그녀는 그를 바라봤다. 잘나가던 시절에는 눈길조차 주지 않을 것 같은 여자였는데, 그 남자는 그 여자가 신경 쓰였다. 그리고 둘은 영화 이야기를 하면서 조금씩 친해졌고, 남자는 시골에서만 생활했던 그녀에게 넓은 세상을 보여주었다. 그러다 그 둘은 너무 다른 서로에게 조금씩 빠져들었고 사랑을 하게 되었다.

이 줄거리만 보면 여느 로맨스 영화와 별반 차이가 없다. 어쩌면 뻔한 사랑 이야기일 줄 모른다. 하지만 마지막에 반전이 있다. 아직 영화를 보지 못한 분에게 스포일러를 할 수 없어 영화 결말에 대한 이야기는 하지 않겠다. 기회가 되면 한 번 봤으면 한다.

이쯤 되면 영화 제목이 궁금해질 것이다. 내가 말한 인생 영화의 제목은 〈미비포유〉다. 사랑을 넘어서 인간 존재의 이유에 대한 답을 얻을 수 있었다. 그리고 만약 내가 남자주인공과 같은 상황이었다면, 아이를 낳기 전 나는 다른 선택을 했을 것이다. 하지만 아이를 낳고 진정한 사랑을 조금씩 깨우친 나는 남자주인공과 같은 선택을 했을 것이다. 그래서 그 남자의 마음이 어떤 감정이었는지 알기에 눈물을 흘릴 수밖에 없었다.

영화는 참 신기하다. 드라마와 같이 스토리를 기반해서 등장인물에 감정선과 현실을 나타낸다. 하지만 영화는 항상 나에게 드라마 이상의 감동을 준다. 생각할 거리를 준다. 마치 한 편의 책을 읽은 듯하다. 그리고 생각날 때마다 좋아하는 책을 펴보듯이 나는 영화를 소장하고 몇 번이고 본다. 처음

봤던 느낌과 다르게 계속 보다 보면 못 보았던 부분이 보인다. 그리고 그때는 미처 몰랐던 감독의 메시지를 절절하게 공감하며 색다른 영화를 보듯이 새롭게 다가온다.

나는 영화가 좋다. 특히 로맨스 영화가 좋다. 지극히 평범한 하루를 사는 나에게 로맨스 영화는 환상을 심어준다. 일상에서 운명처럼 사랑하는 사람을 만나고 뜨겁고 절절한 사랑을 한다. 그 과정에서 인간에 대한 여러 가지 감정들이 나에게 전해진다. 때론 아리기도, 슬프기도, 행복한 감정을 느끼게 해준다. 그래서 내가 유독 로맨스 영화를 좋아하는 것 같다. 오늘 밤은 왠지 생각이 많아진다. 저장했던 영화 파일을 켠다. 나에게 매번 새로운 영화 〈미비포유〉를 보기 위해.

5. 일상에 벗어나고 싶어 떠납니다

2017년 여름 어느 날, 나는 인천 공항에 있었다. 나의 여행 동반자는 만나기만 하면 서로 데면데면했고, 우리는 서로의 다름을 이해하지 못했다. 누구보다 친해야 할 관계였지만 가깝지도 그렇다고 그렇게 멀지도 않은 관계를 유지하고 있던 친정 엄마였다.

그 당시 나는 살아온 인생 중, 가장 힘든 시기를 겪고 있었다. 아이가 돌이 지나기 전, 남편과 별거를 했고, 4살이 될 무렵 완벽하게 서류까지 정리했다. 아이를 홀로 키우기 위해 마음에 없는 그저 밥벌이라고 생각했던 직장에 다녀야 했고, 퇴근하면 육아를 해야 했다. 주말에도 직장에 나가든가, 아이를 돌보는 일상이 계속됐다. 이혼의 아픔을 치유할 수 있는 시간은 나에게 그저 사치였다. 고단한 하루가 계속되고, 내 몸이 제발 날 좀 봐달라고 투정하듯 몸과 마음이 다 아팠다.

고군분투하며 치열하게 사는 동생이 안쓰러웠는지, 언니들은 여행을 다녀오라고 했다. 그것도 최대한 사는 곳과 먼 곳으로. 아이는 큰언니가 봐줄 테니 툭툭 털어버리고 다시 와서 새 삶을 찾으라고 했다. 그런 시간이 필요하다고 충고를 해줬다. 이렇게 살다가는 뭔 사달이 날 것 같아 나는 큰마음을 먹고 여행을 계획하게 되었다. 어디로 갈지 여행지를 찾다가 유럽이 생각났다. 꼭 한 번쯤 가보고 싶던 곳이었다. 항상 현실 핑계를 대며 미뤄뒀던 곳이었는데, 그 때는 그곳이 꼭 가고 싶었다. 그러다 엄마 생각이 났다. 이혼의 아픔으로 감당할 수 없는 상처를 받은 딸, 그 딸을 지켜보자니 울화가 치밀고 안쓰럽기도 하고 남들에게 알려질까 봐 딸을 부끄러워하는 엄마. 그 둘은 서로 누가 힘드나 대결하듯 날 선 말로 상처를 주곤 했다. 엄마와의 앙금을 풀고 싶기도 하고, 유럽을 안 가본 엄마와 딸이 첫 여행을 같이 가면 좋을 것 같았다.

그렇게 나는 무모하게 엄마와의 여행을 강행하게 되었다. 인천 공항에서 비행기를 대기하는 시간. 나는 그때 새삼 느꼈다. 엄마와 단둘이 있었던 적이 별로 없었다는 것을. 뭔가 어색하기도 하고 무슨 말을 해야 할지 몰랐다. 그렇게 우리는 여행의 시작에 설레는 표정들 속에 약간의 긴장감을 느끼며 차분히 앉아 있었다. '오랜만에 가는 여행인데, 쭉 이렇게 어색하게 보낼 수 없어. 엄마와 이번 여행에서 대화도 나누고, 나의 본심도 전하자.' 나는 비장하게 마음속으로 다짐하고 비행기에 올랐다.

파리 공항에 도착. 이제는 의지할 수 있는 사람이 엄마와 나뿐이었다. 이국적인 풍경에 우리의 얼굴은 경직된 표정에서 옅은 미소를 지었다. 모든 것이 신기한지 이리저리 쳐다보는 엄마가 순수한 아이처럼 느껴져 귀엽게 보였다.

파리 시내에 도착하자 웅장한 에펠탑이 보였다. 파리하면 에펠탑이 떠올랐는데, 에펠탑은 상상 이상이었다. 뭐라 표현을 못 할 만큼 나는 그 자태에 압도당했다. 모든 거리가 박물관에 온 듯한 고혹적인 건축물, 새침한 표정과 스타일리쉬한 모습으로 걸어가고 있는 파리지앵들. 나는 단 몇 시간 만에 파리에 사로잡혔다. 특히 밤에 센강 유람선을 타며 파리 시내를 돌아본 것이 기억에 남았다. 다리마다 사람들이 반갑게 인사를 해주고, 형형색색의 불빛을 뿜내며 웅장한 에펠탑까지. 엄마와 처음으로 셀카도 찍으며 나는 그 순간을 만끽했다.

다음 날은 루브르 박물관으로 갔다. 세계 여러 나라에서 온 관광객들로 박물관은 인산인해를 이뤘다. 자칫하다가는 길을 잃어버리거나, 일행을 놓치기 쉬웠다. 나는 용기를 내서 엄마의 손을 잡았다. 어릴 때 이후로 처음 잡는 엄마의 손. 부드러웠던 엄마의 손이 거칠어졌고, 투박해져 있었다. 하지만 어릴 때 느꼈던 따뜻한 온기는 그대로였다. 수많은 유명한 전시품들 속에 나는 엄마의 손길이 지금도 가장 기억에 남는다. 우리는 그 이후 여행 내내 손을 잡으며 여행했다.

엄마는 스위스를 좋아하셨다. 우리는 리기산에서 동화 같은 풍경을 보며 달달한 디저트와 커피를 마셨다. 엄마는 살인적인 스위스 물가 때문에 처음엔 안 마시겠다고 했다. 나는 그 순간, 그 느낌을 간직하고 싶어 몰래 커피를 주문했다. 왜 주문했냐고 타박할 줄 알았던 엄마가 커피 한 모금을 마시더니 환하게 웃으셨다.

여행하는 동안 느낀 것은 나는 엄마가 그렇게 웃음이 많은 사람인 줄 몰랐다. 엄마는 조그마한 일에도 10대 소녀처럼 깔깔 웃으셨다. 항상 일에 치여 살던 엄마에게 물었다. "엄마, 가게 걱정 안 돼?" 엄마는 말했다. "여행 왔는데 왜 걱정을 하냐. 엄마는 여행 오면 일 생각 안 해. 아이고 좋다." 선글라스를 끼고, 빨간 립스틱을 바르고, 챙 모자를 쓰며 한껏 멋 부린 모습에 환하게 웃던 엄마가 잔상에 남았다.

여행하는 동안 나는 엄마에게 서운했던 일을 말하려고 했다. 엄마가 왜 그렇게 말했는지 이해가 안 되고, 왜 그렇게 행동했는지 서운하다며 투정을 부리려고 했다. 하지만 나는 그러지 않기로 했다. 엄마처럼 일상에 겪었던 모든 일은 뒤로 하고, 여행 자체를 즐기고 싶었다.

저녁에는 숙소에서 내가 마트에 가서 군것질거리를 사오면 우리는 맛있게 먹으며 여행 이야기를 나눴다. 엄마는 나에게 관심이 없는 줄 알았는데, 팍팍한 일상에서 벗어난 엄마는 여유가 생겼는지 내 이야기를 공감하며 끝까지 들어주었다. 나는 그런 엄마가 좋아 이제야 말이 트인 아기처럼 쫑알쫑알 대며 신나게 떠들었다.

우리의 여행이 행복한 나날만 계속된 것은 아니었다. 사진을 찍어주라고 하면 3등신 만들어 버린 엄마에게 짜증을 내기도 했고, 엄마는 변비가 시작됐다고 아침마다 성질을 내기도 했다.

기껏 여행 왔는데 돈 좀 아끼라는 엄마에게 화를 내기도 했고, 엄마는 천천히 쇼핑하는 딸이 마음에 안 들었는지 타박을 하시기도 하셨다. 그렇게 크고 작게 서로에게 짜증과 화를 내기도 했지만, 웃고 떠들었던 행복한 순간이 더 많았던 여행이었다.

유럽 여행 이후, 나는 여행의 소중함을 느끼게 되었다. 일상에 갇혀 단편적인 생각만 하던 내가 여행을 통해 한 발짝 떼서 현실을 보게 되니, 힘들었던 고민과 생각들도 아무것도 아닌 일처럼 느껴졌다. 그리고 여행 동반자도 중요하다는 것을 느꼈다. 사랑하는 사람하고 새로운 곳에서 추억을 쌓는 것은 그 무엇보다 바꿀 수 없는 소중한 값진 경험이었다.

그 이후, 나는 딸과 어떨 때는 언니와 또는 엄마와 친구들과 여행 파트너를 바꾸며 여행을 다녔다. 여행을 다녀온 후, 내 일상은 전과 다름없이 팍팍했지만, 한동안은 여행지에서 좋은 기억들로 일상을 살아갈 수 있었다. 그거면 충분했다. 초콜릿을 먹으면 순간 기분이 좋아지듯이, 여행은 나에게 달콤한 한여름 밤의 꿈같은 존재다.

6. 읽고 썼더니

    나는 원래 책 읽는 것을 그다지 좋아하지 않았다. 책 말고도 세상에는 재미난 게 많았기 때문이다. 그래서 나에게 책은 1년에 한두 번 읽나 조금은 지루한 느낌이 강했다. 그런 내가 책에 빠져들게 된 것은 아이를 뱄을 때부터다. 임신하고 나는 일을 그만두었다. 임신 초기가 가장 위험하기 때문에 웬만하면 외출하지 않았다. 그러다 집에 무료하게 있는 것이 좀이 쑤셔 가볍게 집 주변을 산책하게 되었다. 도서관이 보였다. 학창시절 공부했던 기억이 있어 추억을 되살리고 싶어 들어갔다. 책을 쭉 훑어보다가 뭔가 마음에 드는 제목이 있어 한 권을 꺼내보았다. 몇 장을 읽었더니 재밌는 것 같아 빌렸다. 그리고 집에 와서 읽어보았다. 순식간에 책에 빠져들었다. 앉은자리에서 단숨에 다 읽었다. 책이 이렇게 재밌는 거였나. 그다음 날도 나는 도서관으로 갔다. 그리고 제목만 보고 끌리는 책을 두세 권 더 빌렸다. 그때부터 나의 독서 사랑이 시작되었다.

아이를 낳고 한동안 책을 읽을 수가 없었다. 잠자는 시간까지 모든 에너지를 육아에 쏟고 있었기 때문에 책을 읽을 엄두가 안 났다. 그러다 내 인생에 큰 위기가 왔다. 남편과 별거를 하게 되었다. 어린아이를 두고 나는 일하러 갈 수밖에 없는 환경이었다. 일하고 녹초 된 몸으로 집에 돌아와 육아했다. 아이를 재운 후, 나는 다시 책을 꺼내 들었다. 나의 자유 시간은 오직 아이를 잠재운 밤이었다. 독서는 그런 나에게 최적의 취미생활이었다. 나는 그 시기 에세이 위주로 책을 읽었다.

남들은 독서를 지식을 쌓던가 뭔가 발전적인 나를 위해 읽는 경우가 많은데 나는 사람과 소통하고 싶었다. 주체할 수 없는 이 아픈 감정을 누구에게 털어놓고 싶었다. 하지만 현실에서 그러기 쉽지 않았다. 나의 이야기를 한 두 번이지 계속 들어주는 것은 상대방에게 고문과 같다. 남에게 폐를 끼치고 싶지 않아 나는 다른 소통창구를 찾았다. 그게 독서였고 나에게 에세이였다.

에세이에서 수많은 사람을 만났다. 나와 같은 싱글맘, 퇴사를 앞둔 직장인, 자신의 꿈을 위해 노력하는 사람들. 나는 그들의 이야기를 읽으며 공감했다. 어떨 때는 웃기도 했다. 또 울기도 했다. 그렇게 에세이를 읽다 보니 나도 모르게 조금씩 내 마음이 치유되는 것 같았다. 몇 년을 읽다 보니 나도 쓰고 싶다는 생각을 막연히 했다. 내가 책을 쓰면 나는 어떤 스토리를 쓸까. 내 글을 읽는 사람들은 어떤 생각을 할까. 상상했다. 그러다 내가 무슨 책이냐. 다시 현실로 돌아왔다. 읽는 것만으로도 족하다고 생각했다.

그러고 나서 나는 서른 후반 책을 쓰기 시작했다. 나에게 글을 쓴다는 것은 사치라고 생각했다. 홀로 아이를 키우고 일을 하고, 그것만으로 나는 숨이 턱턱 막혔다. 그런 나에게 한가하게 글을 쓰라고. 태평한 소리라고 생각했다. 그런 내가 처음 책을 쓴 계기는 글을 쓰고 싶다는 나의 끓어오르는 자아의 열망이 아니라 하나의 생계수단이었다. 아이가 초등학교에 가면 나는 더는 9to6 근무를 못한다.

그 전에 자유롭게 출퇴근이 가능한 일을 구해야 했다. 그때 눈에 들어왔던 게 온라인 창업이었고, 지식창업이었다. 아무것도 없는 나에게 누가 강의를 들어와 줄 건가. 고민이 되었고 나는 책을 써서 나를 브랜딩하고 싶었다. 그래서 쓰게 되었다.

처음 계기는 그랬지만 글을 쓰는 동안 나는 행복했다. 새벽에 일어나는 게 힘들었던 나였는데, 나는 새벽에 벌떡 일어나 원고를 썼다. 일하고 육아하고 밤이 되면 다시 노트북을 켰다. 오래된 중고 노트북을 나는 누구보다 더 아꼈다. 깜박이는 커서 너머로 나의 아픔을 써 내려갔다. 글을 쓰다 너무 복받쳐서 눈물을 쏟기도 했다. 나는 재미있는 글을 좋아했는데, 나의 원고에 위트를 넣고 싶었다. 혼자 히죽 웃으며 글을 썼다. 그렇게 울다가 웃다가 누가 보면 마치 미친 사람인 양 나는 글 쓰는 것에 몰두했다.

그리고 첫 책이 나온 지 4년이 흘렀다. 한 권 내고 사라지는 작가들이 많은 이 바닥에서 나는 아직도 쓰고 있는 사람으로 생존해가고 있다. 생존이다. 불확실한 미래, 불안정한 수입을 내 친구로 삼고 마치 외줄타기를 하듯 아슬아슬하게 쓰는 사람으로 살고 있다. 아이를 낳은 후, 철저히 이성적으로 살려고 했던 내가 아직도 이 삶을 이어가고 있는 거 보면 신기하다. 읽고 쓰는 삶이 좋은 나는 이 삶에 만족하고 있다. 아니 오히려 감사하고 있다. 나는 그 행위를 통해 너무나도 성장했기 때문이다.

어릴 때부터 자존감이 낮았던 나였다. 힘든 일이나 우울한 일이 몰아치면 감정을 통제하기 쉽지 않았던 나였다. 줏대가 없었다. 언제나 남들 말에 쉽게 흔들리는 사람이었다. 그런 내가 지금은 내 중심을 잘 잡고 나를 누구보다 잘 안다. 미지의 세계인 나를 더 알고 싶어 내면 깊숙이 들어가 보려고 한다. 책을 읽고 글을 쓰기 시작하면서 내 삶은 그 전과 후가 너무나도 변했다. 그 전에 왜 이렇게 못 살았나 아쉬울 정도다.

전업 작가처럼 여유롭게 글을 쓰지 못해도 생계를 위해 일을 하고 뭔가 도전하고 있지만, 그 자체만으로도 나는 좋다. 오히려 전업 작가처럼 온종일 글을 쓰면 이 작업이 생계가 되기 때문에 지금 이 상태가 더 나을지도 모른다. 앞으로도 나는 내가 좋아하는 읽고 쓰면서 살아가고 싶다.

두 번째 이야기

그 모든 순간을
사랑하는 그녀

김
희
배

-

"여전히 빈 시간이 아까워 책을 필수품처럼 챙기고, 바쁘다는 이유로 한 권을 한 달 내내 들고 다니며 쪼개고 쪼개어 읽으면서도 책 읽는 즐거움과 사유의 시간을 가질 수 있다는 것이 좋다."

1. 읽고 생각하고 쓰기

　오늘 아침, 주섬주섬 책 한 권을 챙겨 가방에 넣는다. 어제 아침에도 그제 아침에도. 평일에는 출퇴근 시간에 읽으려고 챙기고 주말에는 성당 봉사를 오가는 길에 읽으려고 책을 챙긴다. 봉사가 없는 주말이나 평일 저녁 시간에도 책을 손에 들고 집 안 곳곳으로 움직인다. 식탁의 이 자리에서 저 자리로 이 방에서 저 방으로. 20대 때는 기욤 뮈소와 더글라스 케네디의 소설에 한참 빠졌었는데 그때는 화장실에 갈 때도 책을 챙겼고 눈 뜨자마자 코를 박은 채 읽고는 했다. 평소 별말 없는 아빠는 내가 그 모습으로 책을 읽으니 "그렇게 책을 가까이 보면 어떻게 이것아, 좀 떨어져서 봐"라고 할 정도로 코를 박았다.

소설은 거들떠보지도 않았는데 한 번 빠지기 시작하니 걷잡을 수 없게 빠져서 저 두 작가의 책은 대부분 다 봤다. 그러다 언제부터인지 그들의 책을 그만 읽게 됐다. 타임슬립이라는 주제로 여러 이야기를 하고 싶었던 것인지 비슷해지고 있는 스토리와 주제는 더이상 내 흥미를 끌지 못했다. 그러다 몇 년 전에 더글라스 케네디가 『오로르』 시리즈를 출간하면서 다시금 그의 글을 읽게 됐다. 예전과는 확연히 달라진 글과 스타일이 내 책장에 『오로르』 시리즈를 가지런히 꽂게 했고 서평단 활동으로 오랜만에 다시 읽은 『빅픽처』는 내가 왜 더글라스 케네디의 글을 좋아하게 됐는지를 기억나게 했다. 책을 읽은 후 글로 남겨야 책 읽기가 끝난다고 여기는 나는 그 당시 『빅픽처』를 읽고 썼던 글과 11년 후에 다시 쓴 글을 보면서 감회가 새롭기도 했다.

나는 선택의 순간에 놓였을 때, 심적으로 힘들 때 그리고 생각이 정리되지 않을 때 무작정 교보문고에 가거나 홈페이지를 열어서 책을 뒤지기 시작한다. 말 그대로다. 찾아봤다는 것이 아니라 눈에 뜨이는 대로 족족히 뒤져본다. 내 상황에 맞는 책을 고르기 위해서가 아니라 '당장 뭐라도 읽어야지만 살 수 있겠다' 싶어서. 당장 읽을 책을 찾기 위해서 말이다. 그러면 꼭 그 안에서 답을 찾게 된다. 소설, 에세이, 인문학, 자기계발서 하물며 전문서적까지 가릴 것 없이 '기가 막히다' 싶을 만큼 책과의 타이밍이 맞는다, 항상. 그래서 책을 손에서 더 못 놓게 되었고 책 욕심을 더 내고 책만 한 게 없다는 지론을 갖고 있다. 그렇다 보니 책 없이 외출한다는 것 자체가 어색하다.

    어려서부터 책을 많이 읽고 좋아했던 것은 아니다. 한글을 읽을 줄 알게 되면서 혼자 읽기 시작했던 책이 헬렌켈러 위인전과 파란색 두꺼운 표지의 책이었다. 물론 내가 고른 게 아니라 엄마 아빠의 선택이었고 닳고 닳도록 읽고 따라 쓰고는 했다. 일찌감치 필사를 시작한 거였다. 엄마랑 아빠는 한글 익히라고 따라 쓰게 한 거였겠지만 지금 생각해 보면 선구안이 아니었을까 싶다. 그리고 초등학교 내내 국어 과목의 단골 숙제였던 본문 따라 쓰기. 그 덕분이었을까 중학교 담임선생님이 나에게 작가를 해보는 게 어떻겠냐고 하셨고, 매번 도서부장을 시키시고는 했다. 그렇다고 내가 그 당시에 다독을 한 건 아니었다. 선물 받아서 읽는 책 한 권, 교실에

꽂혀있는 책 중 한 권 뽑아 읽는 정도였다. 아니면 도서관이나 대여점에서 빌려 읽었던 소설과 만화책이 전부였다. 그때 읽은 책의 대부분은 독후감 숙제 때문이었다.

그리고 대학을 다니면서 본격적으로 책을 읽기 시작했다. 지하철과 버스를 번갈아 타면서 학교까지 통학하기를 왕복 2시간. 어느 날 문득 그 시간이 너무 아깝다는 생각을 했다. 그때는 스마트폰이 있던 때도 아니었고, 이어폰 꽂고 음악을 듣거나 잠자는 것 그리고 종이신문이나 책을 읽는 사람들만 있을 뿐이었는데 나는 그중에서 책을 선택한 거였다. 그리고 그 선택은 지금 생각해 봐도 탁월했다. 책을 읽기로 했으니, 이제 책을 준비하면 된다. 자, 어떤 책을 읽을까? 무작정 교보문고로 갔지만 뭘 골라야 할지 몰라 혼란스러웠다. 그 혼란스러움에도 나름 머리를 굴려 계산기를 두들긴 것이 첫 번째 포기하지 않을 책, 두 번째 질리지 않을 책, 세 번째 한 권을 다 읽었다는 만족감을 얻을 수 있는 책, 네 번째 이 책을 시작으로 다음 독서가 이어질 수 있는 책. 이런 책을 골라야 했다.

    그 시작이 『세상의 모든 딸에게』였다. 재미있는 책은 아니다. 지루한 책이지. 그런데 이 책을 선택한 이유는 얇고 편지형식의 글이 그나마 읽기가 편할 거라는 생각 때문이었다. 책 내용이 지루하기는 했으나 책 읽기의 목적을 이뤘고 다음 책을 고를 수 있었다. 잘못 골랐다 싶은 책이어도 끝까지 읽었다. 한 권을 끝냈다는 만족감이 주는 즐거움이 컸고 그렇게 나의 '읽기'가 시작됐다.

점차 책 고르는 재미와 성공률이 높아지면서 이제는 내가 읽은 책을 기록하고 싶었다. 아르바이트를 하면서 틈틈이 책을 읽었고 눈에 띄는 문장들을 메모지에 적기 시작했다. 그리고 그것을 한 곳에 정리하고 싶었는데 그 공간이 싸이월드였다. 싸이월드에 책 게시판을 하나 만들고 책 표지와 모아 놓은 문장들을 기록만 하는 것이 아니라 독후감으로 남겨보자 싶어서 쓰기 시작한 것이 지금의 블로그까지 이어지고 있다. 그리고 이제는 독후감보다는 책의 내용과 문장을 통해 나를 더 들여다보고 그에 빗댄 내 이야기를 주로 하는 에세이를 쓰고 있다.

그렇게까지 쓰기 위해서는 많은 사유를 해야만 한다. 책의 주제를 생각하고 줄거리를 요약하고 느낀 것을 기록하는 것에서 끝내는 것이 아니라 '그것으로 인하여 내가 무엇을 생각했는지'를 '나의 어떤 모습을 들여다봤는지'를 알아야 한다. 책을 한 권 읽었다는 것은 읽고 생각하고 쓰는 것이 마무리 되어야 '한 권을 읽었다'라고 할 수 있다.

    책은 갖가지 재미가 있는 도구다. 재미만 줄 뿐만 아니라 '생각'이라는 것을 하게 해준다. 사람에 대해 생각하게 하고, 내 생각을 알 수 있게 해준다. 깨달음? 그거 거창한 거 아니다. 지식적인 깨달음은 교과서만 봐도 알 수 있다. 많고 다양한 책을 통해 무엇보다도 자신에 대해 알 수 있는 시간을 만들 수 있어야 한다. 누군가는 이런 말들을 한다. "나는 내가 제일 잘 알아요"라고. 글쎄? 진짜 '제일' 잘 알까? 나는 나를 모르겠던데. 그래서 나는 나를 더 알고 싶은데 말이지.

여전히 빈 시간이 아까워 책을 필수품처럼 챙기고, 바쁘다는 이유로 한 권을 한 달 내내 들고 다니며 쪼개고 쪼개어 읽으면서도 책 읽는 즐거움과 사유의 시간을 가질 수 있다는 것이 좋다. 싸이월드에 책을 기록하던 시기 회사 팀장님이 나에게 칼럼니스트를 해보는 게 어떻겠냐고 했다. 중학교 담임 선생님이 해주셨던 말과 다를 바 없던 그 말. 일찌감치 필사를 시키며 글 솜씨를 길러준 엄마 아빠의 선구안 때문 아닐까. 그 덕분에 오늘도 작가라는 이름으로 글을 쓴다.

2. 배운 게 도둑질이라고

4월 초, 동생에게 전화가 왔다. 매일하는 통화이지만 동생의 전화는 언제나 신난다. 전화를 받으니 대뜸 "언니, 알바 할래? OOO실장님 회사 바이럴 마케팅인데", "나야 좋지. 할래!" 프리랜서에게 일거리란 금은보화와 같다. 프리랜서를 안 해본 사람들은 9 to 6의 삶을 살지 않는다고 부러워하지만 일이 대뜸 끊겨버리면 그것만큼 난감한 것이 없다. 입출금 계획에 차질이 생기는 것만큼 난감한 일이 또 있을까. 그리고 그런 일은 왜 꼭 집안 행사가 많은 시기에 발생하는지.

프리랜서로 살면 일과 공부 그리고 살림과 취미를 겸할 수 있고 하루 일과의 우선순위를 시의적절하게 조절할 수 있다. 그뿐이 아니다. 사람들로 북적이지 않는 평일 점심시간에 맞춰 친구를 만나 수다 떨며 스트레스를 날리는 호사를 누릴 수도 있다. 때로는 일을 몰아서 한꺼번에 끝내 놓고 며칠씩 쉴 수도 있다. 이렇게 자유로운 시간을 보낼 수 있다는 큰 장점이 있는 반면, 안정적이지 못하다는 단점의 프리랜서. 난 그 삶을 14년간 해왔다.

대학에서 광고기획 전공을 시작으로 대학원까지 공부하면서 단 한 번도 광고홍보와 마케팅 이외의 것으로 눈길을 준 적이 없다. 오로지 광고홍보, 마케팅 이것만 봤다. 광고일을 하고 싶었고 그 일을 발판 삼아 교수가 되겠다는 꿈이 있었다. 그 꿈에 대해 단 한 번도 의심한 적이 없다. 항상 강단에 서

있는 내 모습을 상상했고 그건 반드시 이루어질 수밖에 없다고 생각했다. 그러나 그 꿈은 뜻하지 않게 무너졌다. 석사 졸업논문을 쓸 시기에 할머니의 치매가 시작되었고 간호를 할 수 있는 사람은 나뿐이었다. 아빠는 사업체를 꾸려가야 했고 동생은 회사를 다녀야 했기에 이직을 준비하며 대학원 공부를 하던 내가 자연스럽게 할머니의 간병을 맡게 되었다. 그 시간이 무려 7년이었다.

나날이 심해져 가는 할머니의 치매와 지쳐가는 간병 생활. 그 와중에도 절대로 내려놓지 않았던 내 꿈. 그건 절대로 버릴 수 없는 것이었고 그것이 그나마 나를 버티게 했지만 결국에는 그 꿈을 내려놔야 했다. 매일 힘들어하던 내가 살아낼 방법이 무엇인지를 생각해 보니 공부밖에 없었다. 간병을 하면서 할 수 있는 건 책 읽는 것과 공부하는 것. 이

두 가지밖에 없었다. 석사 졸업 후 몇 년이 지난 후에 박사과정에 지원하여 합격 하였으나 끝내 등록을 포기해야만 했다. 요양보호사님이 하루 4시간씩 할머니를 돌봐주셨지만, 그 시간으로는 학교 다니기에 부족했다. 도저히 요양사님께 "제가 없어도 시간 되면 퇴근하셔도 돼요."라는 말을 할 수도 그런 식으로 할머니를 혼자 둘 수도 없었다. 할머니가 위험해질 수도 있다는 불안감과 두려움에 그럴 수 없었다. 결국 박사과정을 포기한 것은 순전히 나를 위한 선택이었다.

나의 박사과정 포기를 가장 아쉬워해 준 사람은 우리 요양사님이었다. 나를 꼭 끌어안아 주며 많이 안타까워하셨다. 그래도 네 인생 살아야 하지 않겠냐고 공부하라고, 어떻게 붙은 학교인데 그걸 포기 하냐고. 하지만 나는 다시 그때로 돌아간다고 해도 똑같은 선택을 할 것이다. 단연코. 포기한 걸 후회하지 않냐고? 후회는 하지 않는다. 그때 내게는 선택지가 많지 않았다. 그 선택지에서 가장 합리적인 것을 골랐을 뿐이다. 만약 내가 학교에 갔다면? 내 꿈에 한 발 더 내디딜 수는 있었겠으나 할머니에 대한 죄책감으로 더 힘들지 않았을까.

자, 결정은 내려졌다. 그럼 난 이제 뭘 해야 할까? 주어진 일에 집중하면 된다. 당장에는 할머니를 돌보는 것에 집중해야 했고 주어진 일을 잘 해내면 된다. 페이가 얼마이든 간에 일을 하고 그 대가를 받는다는 것은 자존감을 올리는 과정이기도 하다. 그 만족스럽지 않은 알량한 페이가 나의 자존감을 들었다 놨다 했지만 그럼에도 감사한 마음이 더 컸다. 그 일을 할 수 있었기 때문에 요양사님께 할머니를 맡기고 잠시 콧바람 쏘일 겸 일할 겸 겸사겸사 쉴 수 있었으니까.

그렇게 할머니 간병과 집안 살림 그리고 프리랜서 일을 하던 그 시기의 모든 시간이 지금의 나를 차곡차곡 만들고 내 가치를 만들어냈다고 감히 단언할 수 있다. 박사 진학을 포기했으나 손에서 놓지 않았던 공부 그리고 그 공부와 관련된 일을 하며 다른 일에 눈 돌리지 않는 모습에 누군가는 부럽다 했고 누군가는 다른 길을 찾아야 하지 않아야겠냐고 했다. 하지만 내 삶은 내가 살아내는 것이기 때문에 내 선택을 믿고 버텼으며 그렇게 배운 게 도둑질이 되었다.

프리랜서에게는 기복이라는 것이 있다. 일이 들어올 때는 한꺼번에 들어오고 빠질 때는 한꺼번에 빠지는데 언젠가 일이 미친 듯이 들어올 때였다. '과연 내가 이번 건까지 해낼 수 있을까? 언제 일이 끊길지 모르는데 물 들어올 때 노 저으라고. 지금이 그때인가…'라며 일단 덥석 잡아서 일을 시작했다. 그러다 보니 말 그대로 내 몸을 불 싸질러가며 일을 쳐내야만 했고 급기야 신혼여행지에 노트북을 들고 가야만 했다. 일복이 터진 남편도 마찬가지여서 나란히 신혼여행지에서 노트북 켜고 일을 했다. '워크숍도 아니고 이게 뭐지…' 싶으면서도 이것 또한 추억이지 싶어서 감사하다는 생각을 했다. 그렇게 생각하며 살아가는 것이 프리랜서의 삶이기도 하다.

여전히 스타벅스의 한 자리를 차지하고 앉아서 귀에 이어폰을 꽂은 채 노트북을 째려보며 작업을 하다가 문득 스물일곱 살의 내가 했던 말이 생각났다. 회사 근처 스타벅스에서 동료들과 커피 마시며 혼자 생각했던 '꼭 사무실에서 일해야 하나? 노트북만 있으면 어디에서나 일할 수 있잖아. 잿빛 사무실이 아니라 이곳에서 노트북 켜고 일하고 싶다.'라는 이 말이 그날 갑자기 생각나면서 '어머!'하고 감탄했다. 내가 그 삶을 14년째 하고 있잖아! 문득 떠오른 그때 생각에 그날 하루가 행복했다.

배운 게 도둑질이라고 난 여전히 일하고 있다. 프리랜서가 아닌 회사원이 되어서. 그간의 프리랜서 짬 때문인지 덜컥 팀장 직위로 입사하게 되었고 이번에는 나를 갈아 넣어가며 일을 했다. 지인들은 "너를 갈아 넣지 마!"라고 하는데 이 일이 재미있는 걸 어떡하나. 족족히 성과가 나오니 일이 더 재미있던 것은 덤이었지. 입사와 동시에 밀려드는 일을 쳐낼 수 있었던 것은 그동안 갈고 닦아놓은 프리랜서의 짬이 아닐까 싶었고 그 시간이 헛되지 않았음에 감사했다.

그 감사함과 즐거움으로 일했던 것을 기억하며 이제는 동생과 함께 둘만의 일을 하게 됐다. 동생은 디자인과 제작을 나는 마케팅을 하며 재미있게 꾸려가는 중이다. 배운 도둑질로.

3. 지난 늦봄의 여행이 너무 좋았어

 서로가 죽고 못 사는 사이면서 없으면 안 되는 사이가 우리 자매다. 우리 둘이 노는 모습을 보던 할머니는 "저것이 하나였으면 우째쓸꼬. 을매나 외롭고 심심했을꼬."라는 말을 자주 하셨고 "우리 딸들도 너희 자매 같은 사이가 되었으면 좋겠어.", "우리 아들딸도 너희 같은 사이가 될 수 있을까? 그랬으면 좋겠는데"라는 말도 심심찮게 듣는다.

 동생이 결혼하기 전까지만 해도 우리는 한 방에서 한 침대를 사용했고 잠들기 직전까지 수다는 끊이지 않았다. 카톡이나 통화를 안 했던 것도 아니다. 같이 사는데도 불구하고 카톡은 물론이며 하루 서너 번의 통화를 하면서도 마지막은 꼭 "이따 집에 와서 나머지 얘기하자."였다. 서로가 서로에게 찰싹 붙어서 떨어지기 싫다며 질척대기를 매일 하던 사이가 우리 자매다.

이렇게 친하고 떨어지면 안 될 것 같은 우리지만 단 한 번도 둘만의 여행을 가본 적이 없다. 결혼 전에는 환경이 받쳐 주지를 못했다. 함께 여행을 가면 치매를 앓던 할머니를 케어 할 수 있는 사람이 없었다. 이 부분이 무엇보다도 가장 큰 문제였기 때문에 우리는 함께 여행을 갈 수 없었다. 할머니가 돌아가시고 난 후에는 아빠와 강아지 두 마리, 고양이 한 마리만 집에 두고 우리 둘만 여행을 간다는 게 내키지 않았다. 그렇다 보니 우리는 각자 여행을 다녔다. 동생은 동생대로 나는 나대로.

그렇게 지내다가 동생이 먼저 결혼을 하면서 제부라는 가족이 생겼고 "처형, 자매가 같이 여행 다녀오세요."라고 말을 꺼내 주어 그제야 우리 둘만의 여행을 생각해 봤다. 하지만 그것을 실행하기까지 2년이라는 시간이 더 필요했다. 내가 여행을 가면 아빠와 강아지, 고양이 케어를 어떻게 해야 할지에 대한 걱정으로 여행 생각을 못 했던 참이었다. 나마저 결혼하고 보니 의외로 아빠가 70년 인생의 첫 독립생활을 아주 즐겁게 하는 거다. 즉, 괜한 걱정을 하느라 자매만의 여행을 못 한 거였다.

우리 둘만의 첫 여행은 즉흥적으로 시작됐다. "우리 여행 가자! 제주도라도 가자!","망설일 시간이 없어. 생각났을 때 해야 해. 지금이야!"라며 각자의 남편에게 일정 확인을 하면서 조율했고 바로 3박 4일 일정의 비행기 티켓을 예매했다. 날짜 정하는 것부터 시작해서 숙소, 렌터카, 여행 일정 등 그 무엇을 정함에 있어 의견의 부딪힘이 없었다. "굳이 이쁘고 좋은 외곽 쪽이 아니라 중심지 호텔을 잡자. 숙소에서만 지낼 거야? 아니잖아. 우리는 돌아다닐 거잖아. 짐만 넣어두고 돌아다니기 편한 곳으로 가자."해서 이동하기 편한 곳으로 숙소 두 곳을 잡았다.

비바람이 몰아치던 늦봄. "비행기가 뜰까? 우리 무사히 제주도 갈 수 있을까?"라는 걱정과 동시에 "비행기 안 뜨면 김포공항 근처 호텔에서 노는 한이 있더라도 집으로는 안 돌아갈 거야."라고 했다. 비바람이 몰아친다고 해서 인상 쓰며 걱정하는 것이 아니라 어떻게 해서든 놀고 오겠다는 굳은 의지였다. 동생은 캐리어를 끌고 출근하여 공항으로 퇴근했고 나는 집에서 바로 공항으로 갔다. 동생은 만나자마자 캐리어를 끌고 출근한 에피소드를 풀기 시작했고 나는 동생을 기다리면서 일해야 하는 프리랜서의 삶에 대해 넋두리를 했다. 정말이지 어디를 가나 노트북을 챙겨야 하는 프리랜서의 삶이란.

밤 비행기로 도착한 제주도. 우리는 신이 날 대로 났다. 일단 저녁 요깃거리를 사서 숙소로 갔고 다음 날 아침 댓바람부터 일정이 시작되었다. 동생이 운전해 보고 싶다던 캐스퍼를 렌트하기까지 남는 시간 동안 숙소 근처의 예쁜 카페에서 커피 마시며 사진을 찍고 수다를 떨었으며 렌터카를 타고 다음 숙소지로 이동해서 짐을 넣어두고 맛있는 한 끼를 먹기 위해 다시 이동. 밥을 먹고 겹벚꽃을 보러 가는 길을 직접 운전하겠다는 동생에게 운전대를 맡긴 후 "지금이 네가 운전하는 차를 타는 처음이자 마지막이 될 거야. 나 이제 안 탈거야".라며 차에서 내렸다.

    운전을 좋아하는 나와 달리 운전을 싫어하는 동생은 그 성향답게 운전했다. 목숨 걸고 도착한 곳의 겹벚꽃은 아름답다는 표현밖에 할 수 없다는 것이 안타까울 만큼의 감동을 주었고 수다 떨기보다 사진 찍는 것에 집중했던 유일한 시간이기도 했다. 돌아오는 길은 해변가 주변으로 드라이브를 하고 눈에 띄는 카페에서 커피를 마시며 두어 시간 수다를 떨고는 숙소로 돌아왔다. 그래, 여기까지는 참 좋았다. 동생이 제부의 전화를 받기 전까지는 말이다.

숙소에서 잠시 쉬는 동안 동생에게 제부 전화가 왔다. 통화하는 동생의 목소리와 표정이 이상한 것이 뭔가 일이 생겼다는 것을 알 수 있었고 이내 통화를 끊은 동생은 "언니, ○○이 교통사고 났데."라며 상황을 설명해 주던 동생은 "일단 내일 일찍 가야 할 것 같아. 언니 혼자라도 남은 하루 보내고 올래?"라는 말에 "너 없으면 이 여행이 무슨 의미가 있어. 일단 서울 가자"라며 3박 4일의 여행이 2박 3일로 바뀌는 순간이었다. 이마를 짚으며 걱정과 한숨을 내쉬던 동생의 이어진 말. "아니, 내가 간다고 해서 애 몸이 낫는 건 아니잖아? 타박상 정도라는데. 아놔, 일단 고기 먹으러 가자."

저녁을 먹으며 동생은 제부를 걱정하는 듯하면서도 "아니, 얘는 왜 이 시점에 사고야."라며 한숨을 쉬다가 "나 고기국수도 못 먹었고 갈치도 못 먹었는데 어쩜 이럴 수 있어? 타이밍 어쩜 이래?"라면서 쉼 없이 고기 먹기에 바빴다. 식사를 마친 우리는 숙소에 와서 비행기 티켓을 다시 예매했고 아침 일찍 일어나 다음날까지 있어야 했던 숙소 예약을 취소하고 서울로 복귀해야 했다. 제부는 "처형 죄송해요."라며 카톡을 보내왔고 동생의 시부모님은 동생에게 "언니랑 처음 가는 여행이었는데 상황이 이렇게 되어서 어쩌니."라며 미안해하셨다고 한다. 아, 제부여, 왜 그랬니.

이때의 이야기는 지금까지도 두고두고 한다. 한동안은 만날 때마다 멋쩍은 표정을 지으며 "죄송해요, 두 분이 여행 다녀오실 수 있도록 제가 지원하겠습니다."라며 빙그레 웃는 그 모습이 귀엽기도 하고 상황이 재미있기도 했다. 그때 이후로 아직 여행을 못 가고 있지만 항상 생각은 하고 있다. 어디로 여행을 갈지 이번에는 사고 이슈가 없을지 정말 아무런 이슈 없이 잘 다녀올 수 있을지 동생과 이야기를 나누다 보면 항상 원점으로 돌아온다.

"그때 더 놀아야 했어."

4. 내 아빠예요

　　성인이 된 후 언제부터였을까. 매년 내 생일이면 아빠에게 고마움을 담아 짧은 축하 문자를 보낸다. 지난 5월 내 생일에도 오늘은 내 생일이고 아빠도 축하를 받아야 한다며 잘 키워줘서 고맙다는 짧은 문자를 보냈다. 앞으로도 잘 부탁한다는 말과 함께. 마흔이 훌쩍 넘은 나이임에도 불구하고 아빠에게는 여전히 철딱서니 없는 딸이고 싶은 이런 나에게 해준 것이 없어서 미안하다며 매일 행복하고 생일 축하한다는 아빠의 문자. 내심 서운하여 곧바로 답장을 보냈다. '다 해줬어! 오늘 잘 보내자!'

어릴 때 나는 엄마 바라기였다. 엄마가 세상에서 제일 좋았고 제일 사랑했고 제일 보고 싶은 사람이었다면 이제는 그 자리에 아빠가 있다. 언제부터였는지 모르겠지만 내가 아빠를 많이 좋아하고 사랑하고 있다는 것을 스미듯이 느꼈다. 어려서는 아빠가 보고 싶어 울면서 아빠 사무실로 전화했고 아빠는 어디를 가든 나와 동생을 데리고 다닌 것은 물론이며, 방학이 되면 멀리 여행 가지는 못하더라도 가까운 롯데월드를 방학 내내 몇 번이고 데리고 다니곤 했다. 그뿐일까. 초등학생 때는 집에서 학교까지 매일 차로 데려다주고 집에 데려오고는 했다. 우리 아빠가 유난 떠는 것으로 보일 수도 있겠다는 생각이 드는데 나는 유난이라고 생각하지 않는다. 오히려 성적과 공부에 무관심했던 것이 유난스러웠다.

단 한 번도 "공부 안 해? 시험 언제야? 성적은?"이라는 말을 들어본 적이 없다. "숙제했어? 숙제하고 놀아."라는 말만 들었지. 그렇다 보니 오히려 나는 공부 욕심이 더 생겼다. 중학교 입학했을 때였다. 3월 신학기가 시작된 시점인데 반 아이들의 대부분이 수학을 선행학습으로 공부하고 온 것이다. 나만 수업을 알아듣지 못하는 것이 너무 신경 질 나서 아빠한테 "나만 이해 못 하는 게 너무 짜증나!"라고 투덜거렸더니 영어와 수학 개인과외를 붙여줬다. 아빠 의지로 학원을 보냈던 것은 초등학교 3학년 때부터 6학년 때까지 다닌 속셈학원이 전부였다. 그 외의 학원들은 내가 배우고 싶다고 해서 보내줬을 만큼 '공부는 너희가 하는 것'이라는 기준을 갖고 흔들림 없이 키웠다.

성인이 되어서도 마찬가지였다. 뭔가를 공부하고 싶을 때나 취업으로 고민할 때 아빠와 상의하면 "안 돼, 하지 마."라는 말은 하지 않는다. "잘 생각해 봐", "아빠 생각에는 안 하는 게 나을 것 같은데?" 그럼에도 내가 포기를 안 하고 고민을 계속하고 있으면 "해봐. 한 번 해봐 봐." 또는 "알아서 해. 네 인생 네가 사는 거야."라는 말로 정리해 줄 때도 있다. 그런데 이러한 대화를 무겁지도 가볍지도 않게 그리고 심각하지 않게 몇 마디 나누며 생각할 시간을 충분히 갖도록 해줬다. 심지어 결혼마저 반대하지 않았다. 아빠에게 흡족하지 못한 사윗감일 수도 있었을 텐데 그것에 대한 불편함을 표현하지 않은 채 두 딸의 선택을 믿고 결혼을 진행시켰다.

　　이처럼 아빠는 결단코 모든 것을 다 해줬다. 아빠의 자리에서 엄마 몫까지 최선을 다해 우리 둘을 키워내고 가장으로서 놓치는 부분 없이 두 딸과 어머니를 든든하게 지켜준 사람이 내 아빠다. 누군가가 나에게 존경하는 사람이 누구냐고 물어보면 나는 망설임 없이 '아빠'라고 말한다. 책임감, 자신감, 자부심, 떳떳함 그리고 절대로 따라갈 수 없는 긍정적인 사고의 소유자인 아빠를 나는 존경하고 있다.

외할머니가 살아계셨을 때 동생과 나에게 아빠 이야기를 해준 적이 있다. "너희 아빠는 항상 자기 무릎에 어린 너희를 앉혀서 밥을 다 먹이고 난 후에야 밥을 먹고는 했어. 항상 그렇게 했어." 요즘 많은 아내가 바라는 남편상 아닌가. 이모들은 우리를 보면서 "아빠와 할머니가 너희 둘을 이렇게 밝게 키워주셔서 얼마나 감사한지 몰라."라고 한다. 우리 자매는 그렇게 자랐다. 밝고 당당하게 그리고 도전하는 데 있어 두려움 없는 사람으로. 무엇보다도 금이야 옥이야 하는 사랑을 듬뿍 받으며 자랐기 때문에 엄마 없는 빈자리를 내가 말하기 전에는 누구도 눈치채지 못했다. 그만큼 아빠는 줄 수 있는 모든 사랑을 주었고 해줄 수 있는 모든 것을 해주면서 우리 자매를 키워줬는데 어떻게 해준 게 없다면서 미안하다고 하지? 나는 다 받았는데.

부모라면 자식에게 못 해준 것만 생각나 미안하기 마련이라는 말들을 하던데 나는 아빠의 딸이 된 순간부터 이미 많은 것을 받으며 자라왔다는 것을 안다. 그러니 더 이상 아빠가 미안해하지 않기를 바라고 자신을 가장 존경하는 사람이 딸이라는 것을 자랑스러워했으면 좋겠다. 대학 때 교수님이 이런 말씀을 하셨다. 자식을 자랑하는 부모는 많으나 자식의 자랑을 받는 부모는 많지 않다면서 자식이 자랑할 수 있는 부모가 되는 것은 쉬운 일이 아니라고 하셨다. 그 쉽지 않은 일을 해낸 사람이 우리 아빠다.

　나는 언제까지나 아빠에게는 철딱서니 없는 딸로 남을 작정이다. 내가 스무 살이 갓 지났을 때였다. 할머니가 "희배 너도 스무 살이 넘었으니 이제 애비한테 아버지라고 불러라."라는 말에 잠시의 망설임도 없이 "할머니 나는 아빠가 할아버지가 되어도 아빠라고 부를 거야. 난 그게 좋아. 아버지는 싫어."라고 대답했다. 내 대답에 할머니는 저 철딱서니를 어쩌면 좋냐는 듯이 '허허'하고 웃었는데 20년이 훌쩍 지난 지금도 그 생각에는 변함이 없다. 사십 대 중반이 되었어도 아빠는 여전히 아빠이며 내 나이가 육십이 되고 칠십이 되어도 아빠는 아빠다. 나에게 아버지란 없다. 결단코.

아빠가 내 아빠라는 것이 나는 너무 좋고 아빠의 철딱서니 없는 딸이라는 것이 자랑스럽다. 언젠가 남편이 "우리가 아이를 낳으면 나는 아버님 같은 아빠가 될 거야."라는 말을 한 적이 있다. 자, 이쯤 되면 아빠가 내 아빠라는 건 마땅히 감탄스러워 해도 되지 않을까?

"아빠! 앞으로도 잘 부탁해."

5. 아날로그 인간

　어느 날 카톡으로 문서 파일을 하나 받았다. 자기 글을 봐달라며 친구가 파일을 보내준 건데 나는 그 친구에게 5분만 기다려 달라고 말한 후 받은 파일을 얼른 출력했다. 그런 후 연필을 들고서 글을 읽기 시작했다. 그렇게 피드백을 해주는 내 모습을 본 동생이 뒤에서 한마디 한다. "으이그 아날로그 인간."

　맞다. 나는 아날로그 인간이다. 노트북, 태블릿PC, 스마트폰 등을 이용해서 글 읽는 것을 불편해하고 싫어한다. 짧은 글은 짧다는 이유로 읽을만 하지만 글이 길어지면 무슨 말을 하는 건지 정리가 안 되고 머리에 오래 남지도 않는다. 스마트폰과 태블릿이 활성화 되면서 모니터를 통한 글 읽기와 종이를 이용한 글 읽기의 차이점에 관한 연구 결과를 읽은 적이 있다. 화면으로 글을 읽으면 빠르게 핵심을 파악할 수 있으나 큰 맥락을 파악하기 힘들고 반대로 종이를 이용해 글을 읽으면 전체적인 내용을 파악하고 글의 흐름을 알 수 있으며 머리에도 더 오래 기억된다고 한다. 즉, 숲을 보느냐 나무를 보느냐의 차이라는 건데 나는 숲을 보는 사람인 거다.

이런 내가 얼마 전에 이북리 더기를 샀다. 동생이 갖고 다니는 걸 보니 나도 갖고 싶었고 흑백 화면이면 눈도 덜 불편할 것 같았다. 무엇보다도 부피가 적어서 휴대성이 좋다는 핑계를 대며 구매한

게 벌써 3개월이 지났다. 100일 무료 대여권 사용 기간이 끝나기 전에 읽고 싶었던 책 몇 권을 다운로드해서 읽어봤는데 역시 나는 디지털 인간이 될 수 없나 보다. 도저히 집중이 안 되어 읽을 수가 없었다. 무엇보다도 한 장씩 넘겨 읽는 맛이 없어서 읽어도 읽은 것 같지 않은 느낌만 있을 뿐.

제일 이쁘고 비싼 것으로 샀는데 결국 책상 한 곳에 고이 모셔두게 된 나의 이북리더기는 그렇게 내 손을 떠났다. 언제고 다시 꺼낼 날이 오지 않을까 하는 생각에 중고 거래는 하지 않기로 했는데 그 언제는 내년 장마철이 되지 않을까 싶다. 장마철에 종이책 갖고 다니는 게 여간 불편한 게 아니다. 일단 습기로 인해 책이 쭈글쭈글해지는 것 자체가 싫다. 그래서 이북리더기를 장마철에 샀는데 이렇게 처박아두게 될 줄이야. 내년 장마 때 꺼내면 되지 뭐.

나의 아날로그 인생은 이것뿐만이 아니다. 스마트폰 성능은 나날이 좋아지고 있고 편리한 앱도 다양한데 나는 여전히 스케줄러를 매년 구매하고 있다. 가족을 비롯한 친구들의 생일과 기념일을 기록하고 예약이나 모임 일정 관리를 비롯해 할 일 목록을 일일이 써서 기록하는 재미 그리고 끝낸 일정을 하나하나 체크하는 맛이 좋다.

아날로그 중에서도 내가 제일 좋아하는 건 메모와 필사 그리고 일기 쓰기다. 포스트잇에 메모해서 스마트폰 뒷면에 붙이기, 노트에 연필로 필사하기, 예쁜 노트에 좋아하는 펜으로 일기 쓰기. 그렇다 보니 필기구에 대한 욕심이 많다. 몇달 전 우리 팀 팀원이 내 자리에 있는 연필과 펜을 보며 "팀장님 펜 진짜 많네요!"라며 입을 떡하니 벌렸다. "응, 나 펜 좋아하거든. 내가 집에서 사용하던 거 가져온 거야. 집에는 더 많아."라는 자랑까지 했다. 옆 팀 팀원은 연필 깎는 소리에 "팀장님 연필 쓰세요?"라고 했고 "어, 나 연필 써. 샤프보다 좋아해."라고 대답했더니 그다음 말이 "연필 쓰는 사람 오랜만에 봐요."란다. 그렇지. 성인이 되어서 연필 쓰는 사람 드물지. 그 드문 인간 중 하나가 나고.

    자료는 출력해서 봐야 하고 책은 종이책으로 읽는 게 제 맛이며 메모는 포스트잇에 필사와 일기는 노트에 적어야 직성이 풀린다. 특히 교보문고에 들어섰을 때 바로 맡게 되는 시그니처 향과 진열대에 놓여있는 책을 볼 때의 시각적 만족감을 느낀다. 그뿐일까. 이 책 저 책 들춰보는 촉감과 책 냄새는 절대로 포기할 수 없다. 이렇게 적고 보니 아날로그 인간이라는 게 나쁘지 않은데? 오히려 좋고 마음에 쏙 든다.

손 글씨 쓰느라 들이는 에너지와 시간이 아깝지 않냐고 더러 묻는 사람도 있다. 시간? 아까울 때도 있다. 그 시간이면 책을 더 읽을 수도 있고 공부도 할 수 있을 테지만 그래도 나는 그게 좋다. 나의 뇌 건강을 위해서라도 그 방법이 좋고 글씨 쓸 때 듣게 되는 연필 소리가 좋다. 연필뿐만 아니라 마음에 쏙 드는 펜으로 글씨를 쓴다는 것은 나에게 소소한 행복감마저 준다.

태블릿PC, 이북 리더기, 스마트폰을 활용하는 것을 더 편리해서 하고 좋아하는 디지털 인간이 있는가 하면 나 같은 아날로그 인간도 있는 법이다. 시대가 어떻게 변하든지 간에 아날로그라는 것은 필요하다고 생각한다. 적절하게 균형을 잡는 아날로그와 디지털의 조화. 그것이 가장 보편적인 모습이기를 바라기도 한다.

손 글씨를 좋아한다면서 이 글을 PC와 태블릿으로 번갈아 가며 쓰고 있는 나. PC는 한글과 MS, 인터넷, 포토샵만 가동되면 만족하고 스마트폰은 카톡, 문자, 카메라, 인터넷, SNS, 전화, 뱅킹, 쇼핑만 사용할 수 있으면 만족하는 나에게 "그럴 거면 효도폰을 써."라고 말하는 동생. 도대체 애는 이런 순발력과 위트가 어디서 나오는 걸까. 이 시점에서 나는 이 부분이 제일 의문이다.

오늘은 찬란하게
빛날 거예요

6. 오늘 그리고 지금

친구 부부가 소개팅을 해준단다. 자기 남편과 같이 일하는 동료인데 그 사람에 관한 이야기를 듣거나 간혹 만나면 나를 소개해 주고 싶었단다. 친구들은 모두 결혼한 유부녀였고 그녀들은 나를 만날 때마다 "결혼은 안 해도 연애는 해야 해."라며 잔소리를 쉼 없이 했다. 아니 그러면 남자라도 소개를 시켜주고 말을 하던지 해야지 무작정 연애를 하라고만 하니 원.

나는 사람 만나는 것에도 연습이 필요하다고 생각한다. 할머니를 간병했던 7년이란 시간 동안 사회와 사람과 단절하듯이 살았다. 이직을 준비하던 시점에 할머니 간병을 시작하게 되어 자연스럽게 취업을 포기하게 되었다. 다니던 대학원은 저녁 수업이라 동생이 퇴근하고 집에 돌아오는 시간에 맞춰서 학교를 가면 되었다. 그렇게 2년가량 지내다가 쇼핑몰을 시작했고 함께 일하던 친구와 주말이 되면 프리마켓에 참여하고 그 외에는 집에서 할머니 간병하면서 틈틈이 책을 읽거나 프리랜서 일을 하고는 했다. 그렇다 보니 사람 만날 기회가 아니, 사람 사귈 기회가 단절되어 있었다. 어떤 남자와 연애를 한다기보다는 일단 사람을 만나는 연습부터 하자 싶었다. 그 첫 도전이 취업이었다.

할머니 장례를 치르고 2주 정도 지났을 때 친구에게서 연락이 왔다. 자기네 회사에 와서 마케팅이든 광고든 홍보든 블로그든 뭐든 해달라고. 할머니의 빈자리에서 느끼는 공허함으로 지내는 것보다는 그것이 낫다고 생각하여 바로 면접 보러 갔다. 법무법인 회사였는데 감사하게도 대표 변호사님 면접에서 바로 합격을 받았고 언제부터 출근 가능하냐는 말에 추석 지나고 바로 출근하겠다고 했다. 사회생활 중단된 지 7년. 이 출근은 나에게는 도전이었다. 사람들과 다시 어울릴 수 있을지에 대한 도전 말이다.

인복, 스승복 있는 나는 어디를 가나 좋은 사람들을 만나고 좋은 스승을 만난다. 법무법인에서도 마찬가지였다. 인품 좋은 대표 변호사님, 다정한 팀장님, 섬세한 차장님과 과장님 그리고 까불기 바쁜 내 친구까지. 재미있게 회사 생활을 하면서 사람 만나는 것을 좋아하던 모습과 사람 사귀기를 좋아하고 사람을 좋아하던 예전의 내 모습이 보였다. 그 시점에 친구가 소개팅을 해준다길래 거절 없이 만났다. 아니, 그 당시 소개팅 들어오면 족족 다 만났다. 그중에서도 기억나는 유형이 있다. 낮은 자존감을 자존심으로 덮고 사는 사람과 자기 인생을 이러지도 저러지도 못하는 우유부단한 사람이다. 내가 제일 이해 못 하고 답답해하는 유형의 사람. 딱 질색이다. 이렇게 다양한 남자를 만나며, 내게 잘 맞는 남자를 알아가던 중에 친구가 남자를 소개해 줬다.

아직도 또렷하게 기억나는 그날이다. 친구와 같은 회사에서 일했기 때문에 퇴근 후 함께 식사 자리로 갔고 친구의 남편은 소개팅 주인공과 어색한 분위기를 풀어줄 다른 동료를 같이 데리고 나왔다. 이렇게 만난 첫 만남에는 문제가 있었다. 일단 소개팅남이 그 자리가 소개팅 자리인 줄 모른 채 장소에 나왔다는 거다. 두 번째는 나와 그 남자를 나란히 앉혀놓는 바람에 얼굴을 못 봤고 세 번째는 나를 제외한 나머지 네 명이 모두 취했다는 거다. 나는 운전을 해야 했기 때문에 사이다와 콜라를 번갈아 마셨고 그 모든 웃긴 광경을 멀쩡한 정신으로 봐서 다 기억한다.

하이라이트는 이 부분이다. 모두가 취해 3차를 가겠다며 친구네 집으로 가자길래 모두 내 차에 태웠다. 가는 내내 차 안에서 코 골며 자는 친구와 소개팅남. 친구네 집 앞에 도착해서 내려줬더니 소개팅남과 친구는 나에게 "감사합니다."라며 고개를 숙이고 공손하게 인사를 했다. 택시를 탔다고 생각했고 나를 그 기사님으로 알았다는 얘기를 다음 날 들었다. 이 정도면 이건 망한 소개팅 아닐까? 심지어 연락처를 주고받지도 않았다. 망한 소개팅이 맞다.

한 달쯤 지났을까 등록되어 있지 않은 아이디로 카톡이 왔다. 집에서 열심히 실내 사이클을 타고 있다가 카톡을 보고는 웃음이 났다. 그 소개팅남이다. 이 무슨 생뚱맞은 상황인가 싶어서 친구한테 연락하니 "OO씨가 남편한테 왜 소개팅한 그분 연락처 안 주냐고. 준다고 해서 기다렸는데 한 달이 되어도 안 주냐고 술 먹고 전화가 온 거야. 남편 옆에 내가 있었거든. 내가 난리 쳤어. 전화기에 대고 내가 희배 연락처 주겠다고 소리쳤어!" 아, 이 소개팅 범상치 않다.

이 범상치 않은 소개팅의 주인공이 내 남편이다. 연애 5년, 결혼 3년 차인 우리는 지금도 이 에피소드 얘기를 하면서 "그 부부는 왜 우리 둘을 나란히 앉혀서 얼굴도 못 보게 한 거야. 소개팅에서 얼굴도 못 봤다는 게 말이나 돼?" "연락처는 왜 그렇게 안 준 건데?" 한탄하듯 이야기를 하면서도 마무리는 항상 "그래도 그 부부 덕분에 우리가 만났잖아? 봐주자."로 끝난다. 여전히 키득키득 웃으면서 말이다.

결혼할 때 아빠가 우리에게 "둘이 재미있게 살아. 재미있게만 살면 돼."라고 했었는데 그 말 그대로 살고 있다. 나를 가장 소중하게 여기고 원하는 것은 다 해주려고 하는 남편. 내가 생활하는 것에 불편함 느끼지 않게 해주려고 하고 무엇을 하든지 간에 어느 상황에서나 나부터 생각난다고 말하는 남편. 내가 쫓아다니면서 쫑알거리는 게 시끄럽다면서도 다 들어주느라 귀가 바쁜 남편이기도 하다. 이런 남편은 지금도 내 앞을 왔다 갔다 하면서 나 놀리기에 바쁘다. 둘 다 사십 대인데 하는 짓은 여지없이 철부지이고 그런 우리 둘의 모습이 나는 즐겁고 좋다. 고민을 털어놓기에 이만한 친구가 없고 스트레스 받으면 서로에게 털어놓으며 무조건 서로의 편이 되어주는 우리가 나는 좋다.

자식을 낳으면 우리 아빠 같은 아빠가 되고 싶다는 남편. 우리 인생에 아이가 있을지 없을지 모르지만, 우리 아빠처럼 되고 싶다는 그 말. 너무 좋고 고마웠다. 매일 소꿉놀이하듯 장난치며 지내지만 때로는 이런 이야기도 주고받는 우리 모습에서 앞으로의 긴긴날들이 기대됨과 동시에 심심하지 않을 거라는 확신이 든다.

세 번째 이야기

살며, 사랑하며,
기도하는 그녀

민

강

미

-

"작은 목표들을 탁월하게 성취했을 때의 기쁨은 말로 할 수 없다. 더욱 매력적인 것은 '탁월함을 향한 발걸음' 자체가 큰 만족감을 준다는 것이다. 그 몰입과 집중은 반복되는 일상과 힘든 환경을 뛰어넘을 수 있는 힘이며 자유가 된다."

1. 탁월함을 향한 발걸음

　　한여름 내리쬐는 볕. 시끄럽게 울어대는 매미 소리가 찌는 날씨를 더욱 달군다. 이런 날씨에도 밖에 나가 해야 할 일이 있다. 나는 농부이기 때문이다. 밭에 심어놓은 수박이 무더운 날씨와 경쟁이라도 하듯 쑥쑥 자라난다. 수박 곁순 손질은 하루가 늦어지면 두 배의 품이 더 들어가게 되니 마음이 급하다. 무시무시한 수박의 성장 속도만큼 농부의 손놀림도 빨라야 한다. 하루에 1000포기 정도 손질할 수 있다면 '순지르기' 계의 에이스다. 못해도 900포기는 손질해야 품값이 아깝지 않은 일꾼이라 할 수 있다. 세월아 네월아 오만가지 생각 다 해가며 일해서는 축이 나지 않는다. 할 일은 태산 같고 날씨는 덥다. 엎어진 자세로 일을 하니 허리도 무릎도 아파온다. 게다가 하루 10시간. 밭일을 많이 해본 일꾼이 아니라면 상상하기 힘든 러닝 타임이다. 그럼에도 그 시간을 순식간에 지나가게 하는 방법이 있다면 믿을 수 있을까?

어떤 일을 배울 때, 처음부터 빠르게 하기란 쉽지 않다. 까다로운 일일수록 더욱 그렇다. 아직 수박의 곁순과 꽃도 구분이 안 되는 초짜가 빨리하려고만 한다면 수박밭은 쑥대밭이 되고 말 것이다. 내가 처음 시골에 왔을 때 나의 수준은 그야말로 '식물 무식자'였다. 파란 고추나무 빨간 고추나무가 따로 있는 줄 알았으니 말이다. 그런 나이기에 더듬더듬 빠르지 않더라도 정확하게 하는 것이 중요했다. 늦더라도 일단 정확하게 해내는 것. 그것이 나의 첫 목표가 되었다.

남에 밭이었기에 부담은 더 컸다. 남의 집 1년 농사를 망칠 수는 없었다. 나는 온 신경을 수박에 집중 시키며 마음속으로 되뇌었다. '순을 빠짐없이 따면서도 잎사귀는 부러지지 않게 해야 한다.' 이런 긴장감 속에서 사람 잡는 무더위 따위는 전혀 느껴지지 않는다. 혹여나 일을 그르치게 될까 봐 등골이 서늘했다면 모를까. 반복하다 보니 꽃이나 곁순이나 그게 그거 같던 내게 수박이 조금씩 보이기 시작했다. 일이 점점 재밌어졌다. 이제 밥값은 할 수 있는 수준이 되어가는 것이다.

나의 다음 목표는 '신속, 정확'이었다. 하지만 조급한 마음은 오히려 방해가 되어 실수들을 만들었다. 조급하지 않으면서도 속도를 올릴 수 있는 방법을 알아내야 했다. 손질을 하며 나의 동작을 관찰해 보았다. 관찰을 하다 보니 불필요한 동작과 방해되는 마음들을 발견할 수 있었다. 속도가 점점 붙기 시작하자 일이 점점 신이 난다. 그래도 수박밭의 에이스를 따라잡기란 여간 쉬운 것이 아니었다. 무언가 나만의 필살기가 필요했다. 이때에도 다른 사람과의 비교는 나의 수준을 가늠하는 척도로만 사용하는 것이 중요했다. 따라잡으려고 용을 쓸수록 나의 동작은 점점 무거워졌다. 마음에도 무게가 있는 것 같았다. 나는 마음을 비우고 다시 나의 동작에만 집중을 하기 시작했다. 그리고 나만의 손질 패턴을 만들었고 신속함을 위해 동작에 리듬을 부쳤다. 집요한 연구와 훈련 끝에 나는 어느덧 '수박밭의 제왕'이 되어 있었다.

오늘은 찬란하게
빛날 거예요

'수박밭의 제왕'이 된지 얼마나 되었을까. 갑자기 무더위가 느껴지기 시작했다. 그렇게 빠르게 가던 시간도 찌는 날씨와 함께 나무늘보처럼 느려졌다. 덩달아 들리지 않던 매미소리도 들려온다. 이게 무슨 일일까. 수박밭의 제왕이 매너리즘에 빠진 것이었다. 일이 익숙해지니 어느샌가 잡생각이 많아졌고, 수박에 집중되어 있던 마음은 이제 외부 환경에 기웃거리고 있었다. 제왕은 지루해졌고 무더위도 점점 짜증이 났다. '수박밭의 제왕'은 어느덧 '짜증의 제왕' 이 되어 있었다. 얼마 후 제왕은 왕관을 벗어야 했다. 내가 봐도 탁월하던 나의 손질은 이제 그저 그런 수준으로 떨어지고 속력도 형편없어진 것이다.

　첫 마음을 다시 찾아와야 했다. 목표가 사라진 마음은 이리저리로 떠돌고 있었다. 무리들 중에 1

등을 하기 위함이 아닌 나 자신만을 위한 건강한 미션이 필요했다. 일 자체에 집중하는 것, 일을 탁월하게 해내는 것, 좋은 상태를 방해하는 요소들을 인식하는 것, 그리고 다시 페이스를 유지하는 것. 처음처럼 목표로 삼을 만한 것은 너무도 많았다. 지루하고 힘든 단순노동의 시간이 창의적이고 즐거운 시간으로 다시 바뀌어가기 시작했다.

나는 이러한 집중과 연구의 과정들을 '탁월함을 향한 발걸음'이라고 부른다. 그 마음을 가지고 일을 대할 때 온몸의 신경세포가 살아난다. 특히, 밭에서 몸의 움직임을 통해 이를 적용할 때면 어떤 수행 못지않은 깊은 인사이트를 종종 얻곤 한다. 어떤 일 안에서 스스로의 능력치를 끊임없이 확장시키는 작업은 그 시도만으로 의미가 있었다. 혹자의 말처럼 세상에 하찮은 일은 없다. 하찮은 생각들이 나의 일상을 하찮게 만들 뿐이었다.

　작은 목표들을 탁월하게 성취했을 때의 기쁨은 말로 할 수 없다. 더욱 매력적인 것은 '탁월함을 향한 발걸음' 자체가 큰 만족감을 준다는 것이다. 그 몰입과 집중은 반복되는 일상과 힘든 환경을 뛰어넘을 수 있는 힘이며 자유가 된다. 그것은 설거지를 할 때, 매일 먹는 밥을 할 때, 운전을 할 때, 길을 걸을 때처럼 지루하고 반복되는 모든 일에 적용할 수 있었다. 그러면 평범해 보이는 일들에 날개가 달린다. 흔한 일상이 특별함을 입는 순간이다.

　나는 여전히 실수투성이며, 내 마음은 쉽게 방황하고, 안주하기 좋아한다. 다행히도 '탁월함을 향한 발걸음'은 나의 상태와는 관계없이 늘 나를 기다리고 있다. 언제든지, 누구라도, 서 있는 그 자리에서 다시 열차에 올라탈 수 있다. 잠깐 잃어버렸다면 다시 돌아와 그 안에서 다시 놀면 된다. 지구상에서도 아주 작은 나라인 대한민국 땅, 그중에 한 산골 뙤약볕 아래서 하루 품을 파는 일꾼도 탁월한 삶을 누릴 수 있다는 것. 참으로 놀랍고도 공평한 인생이 아닌가!

오늘은 찬란하게
빛날 거예요

2. 내가 가진 복을 깨닫는 순간

　　노동의 신선함에 매료되어 농사까지 짓게 된 나. 하지만 농사를 짓는 것은 밭일과는 또 다른 차원의 일이었다. 자본이 드는 창업이었고 전문성을 필요로 했다. 생전 해보지 않은 일을 업으로 삼게 되니 나는 늘 이리저리 뛰어다니기 일쑤였다. 그 좌충우돌 가운데 이제껏 몰랐던 나의 모습들이 툭툭 튀어나올 때면 놀라지 않을 수 없었다. 그중 하나는 내가 꽤 여유로운 성격이라 생각하고 살아왔는데 전혀 아니었다는 것이다. 일을 하다가 예기치 못한 상황이 생기면 예민함이 슬그머니 고개를 든다.

그러다 계획대로 안 될지도 모른다는 판단이 들면 예민함은 도끼눈을 뜨기 시작한다. 탐탁지 못한 결과물에 지불하게 될 나의 시간과 자본이 아까워지면서 스트레스는 극으로 향한다. 그때부터 나는 쫓기는 듯 급해진다. 어떻게든 용을 써서 계획 완수를 하기 위해 뛰기 시작한다. 마치 내가 세운 계획과 기대가 나를 노려보고 있기나 한 것처럼 말이다.

물론 위기에 발 빠른 대처를 하는 것은 중요한 능력이다. 문제는 경험이 적다 보니 위기가 아닌 상황을 위기로 인식하는 데 있었다. 정확한 데이터가 아닌 느낌에만 매몰될 때면 여유를 잃어버리고 말았다. 결과에 대한 막연한 불안감이 문제였다. 불안감은 이성을 무방비 상태로 마비시켰다. 재미있는 것은, 엄청난 걱정과 스트레스 속에서 하루를 보냈지만, 생각 외로 일이 잘 마무리된 적이 많다는 것이다. 그럴 땐 온종일 괜히 걱정했다는 생각이 든다. 그렇게 필요 이상의 스트레스로 에너지가 소진되어 버리면 다음을 계획할 힘조차 남아있지 않다.

고된 노동으로 하루를 보낸 날 보다 걱정과 스트레스로 보낸 날이 더 곤하다. 이런 날이 쌓이고 쌓이면 어느 날 극단적인 순간이 찾아온다. 하는 일 자체가 싫어지는 것이다. 정신없이 헉헉거리고, 이리 치이고 저리 치였지만 손에 쥔 건 하나도 없는 느낌이랄까. 분명 행복해지자고 시작한 일이었는데 행복은커녕 성질만 나빠지는 것 같았다. 가장 건강한 일이라 여겨 선택했던 직업이었건만 어딘가 병들어 가는 듯했다. 생각만 해도 가슴 설레었던 일이 생각만으로 멀미가 나는 일로 바뀌고 있었다.

역시나 정신없이 보내는 어느 하루였다. 늘 그렇듯 해야 할 일은 많고 시간은 한정되어 있었다. 운전 중인 나의 마음은 조급함에 달리고 있었다. 그런데 무슨 일이었을까. 문득 창밖 풍경이 눈에 들어오기 시작했다. 참 오랜만에 하늘을 보는 것 같았다. 내 모습과는 대조되게 하늘은 부지런하면서도 평온한 모습을 뽐내고 있었다.

  하늘의 그 우아한 모습에 숙연해질 무렵 내게 선물이 찾아왔다. 새삼 두 눈이 보인다는 사실을 느끼게 된 것이다. 눈이 있기에 이렇게 아름다운 하늘을 볼 수 있었다. 앞이 안 보였다면 볼 수 없는 세상이었다. 저마다의 색감을 가지고 빛나는 세상이 내게도 보여 지고 있다. 보인다는 것의 소중함. 뻔하게 들리는 문장이지만 실제로는 경험해 본 적 없는 감동이었다. 산과 들, 흔들리는 꽃잎. 그것을 보고 있는 눈이 너무나 귀하게 느껴졌다. 눈꺼풀을 만져 보았다. 눈의 복잡하고도 질서정연한 구조를 만든 이가 위대하게 느껴졌다.

'보인다'는 것은 사람이 만들어 낼 수 없는 아이디어였고 놀라운 축복이었다. 인류가 성취해낸 어떤 것도 이보다 획기적일 수는 없었다. 그걸 내가 갖고 있다니. 천금을 주어도 바꿀 수 없는 복을 내가 갖고 있었다.

아등바등 조급함에 뒹굴던 마음이 잠잠해졌다. 황량하던 마음도 어느새 환희와 감사로 채워지고 있었다. 내가 가진 복은 '보이는 것' 뿐만이 아니었다. 향기를 맡을 수 있는 코와 들을 수 있는 귀, 맛있는 걸 느낄 수 있는 혀와 노래할 수 있는 입도 있었다. 포근함과 따뜻함을 느낄 수 있는 피부와 마음껏 뛰고 춤출 수 있는 다리도.

그뿐인가. 의식하지 않아도 저절로 쉬어지는 숨과 노력하지 않아도 알아서 진행되는 소화기관까지. 셀 수 없었다. 거기에 이 모든 것을 깨닫고 감동할 수 있는 '마음'이라는 그릇을 인지했을 때에는 소리 내어 탄성이 터져 나왔다. 나는 모든 복을 다 가지고 태어난 존재 같았다. 이 작은 나에게 주어지기엔 너무나 큰 축복들이었다.

봇물 터진 나의 감동은 이후로도 계속 복을 세어보게 했다. 편히 쉴 수 있는 집과 나를 사랑해 주시는 부모님, 순진무구 귀여운 동물 친구들, 따뜻한 이웃들, 좋아하는 일을 마음껏 할 수 있는 자유, 그

오늘은 찬란하게
빛날 거예요

리고 이 모든 것을 주신 창조자까지. 내가 가진 복을 다 나열하자면 밤을 새워야 할 것 같다.

이 감동의 시간은 아주 짧은 찰나의 순간이었다. 하지만 그 경험이 얼마나 강렬했던지, 이후 나는 조금 달라질 수 있었다. 초조하고 마음이 급해질 때면 의식적으로 내가 가진 것들을 생각해 보려 한다. 그러면 이미 많이 갖고 있는 나이기에 내게 다가올 손해는 아주 작게 느껴진다. 마음에 넘쳐나는 감사는 나의 마음에 예민함을 쫓고 여유를 가져다준다.

물론 시작한 일을 멋지게 하고자 하는 목표는 바뀌지 않는다. 나는 여전히 최선을 다하며 여전히 열심히 산다. 그렇지만 상황이 내 맘대로 돌아가지 않을 때마다 마음마저 돌아버리는 지경에 이르지는 않게 되었다. 정신 승리가 아닌 사실에 기반 한 이 '진짜' 여유는 오히려 위기를 극복하는데 큰 도움이 되어준다.

나에게 맞게 일을 계획하고 실수를 통해 배운다. 또 스트레스를 다루고 계획 수정에 유연할 수 있는 기초체력이 되어준 것이다. 무엇보다도 쉼이 불편한 나에게 넉넉히 쉼을 제공할 수 있게 된 점은 가장 건강한 변화가 아닐 수 없다.

〈받은 복을 세어보아라〉 라는 찬송가가 있다. 그 곡을 부를 때 마다 '복이 있어야 세지!' 라며 삐딱선을 타던 나는 이제 자주 복을 세어보는 시간을 갖는다. 그렇게 받은 복을 깨달을 때마다 통장에 매출이 느는 것 이상의 감사와 기쁨이 넘친다. 받은 복을 깨닫는 순간. 사랑하지 않을 수 없는 순간이다.

3. 작은 생명이 내게 준 선물

어린 시절 나는 동물을 아주 좋아하는 아이였다. 서점에 가면 동물 관련 책을 사 모았고, 개 종류 수백 가지를 달달 외우기도 했다. 초등학교 방학 숙제도 「앞집 개 관찰 보고서」였고, 주말엔 친구들과 인근 주택가에 개를 보러 다녔다. 개를 키우는 친구들과는 늘 금세 친해졌다. 나도 개를 키우고 싶었지만 부모님은 반대하셨다. 엄마는 주택으로 이사 가면 키울 수 있다며 나를 달래곤 하셨지만 사실 기약 없는 약속이었다.

어느 날 아파트 단지에 떠돌이 개 한 마리가 나타났다. 길을 잃은 건지 버려진 건지 알 수 없었다. 친구들과 나는 그 개를 '해피'라 부르며 아파트 지하실에 은신처를 마련해 주었다. 우리는 방과 후면 해피와 신나게 뛰어놀았다.

드디어 '우리 개'가 생긴 것처럼 날아갈 듯 행복했다. 해피도 우리를 아주 잘 따랐지만 행복한 시간은 너무나 짧았다. 주민들의 신고로 더는 함께할 수 없게 된 것이다. 해피가 떠난 후 우리는 한동안 해피를 기다리며 놀이터에서 녀석의 이야기를 나눴다.

그러나 해피는 다시 돌아오지 않았다. 영원하길 바랐던 행복한 시간은 끝나고 말았다. 짧은 시간이었지만 해피와의 추억은 오래도록 내게 남았고, 개를 키우고 싶다는 생각은 더욱 짙어졌다.

오늘은 찬란하게
빛날 거예요

어른이 되어 주택에 살게 되면서 오랜 꿈을 이루게 되었다. 내가 바라던 리트리버를 키우게 된 것이다. 우리는 밭에도 함께 갔고 돌아와서는 발을 씻겨 집안에서 함께 생활했다. 큰 개를 두 팔로 안으면 세상을 다 가진 것 같았다. 함께 낮잠을 잘 때는 영화 속 주인공이 부럽지 않았다. 어른이 되었지만 마음은 해피와 뛰어놀던 어린 시절과 똑같았다. 산책을 갈 때는 녀석의 목줄을 풀어주곤 했다. 우리 집과 뒷산까지 인가가 없어 자유롭게 뛰놀 수 있었다. 녀석은 냄새를 맡으며 작은 산짐승들을 쫓아다녔다. 내가 던져준 공을 물어오기도 하고, 더우면 개울에 들어가 몸을 식혔다. 그 모습을 보고 있으면 내 마음도 어떤 해방감을 느꼈다.

하지만 행복에는 책임도 따랐다. 항상 자유롭게 풀어 놓고 싶었지만 집 앞 도로가 위험했고, 실내에서 털과 배설물을 감당하기가 어려워졌다. 일이 바빠지자 나는 결국 녀석을 마당에 묶어 키우게 되었다. 미안한 마음에 줄을 최대한 길게 해주었지만 마음은 편하지 않았다. 게다가 바쁜 농사일 탓에 산책도 줄어들기 시작했다. 결국 녀석이 외로울까 봐 리트리버 한 마리를 더 분양받았다. 하지만 개에게 필요한 것은 친구가 아니라 오직 보호자였다. 반려견 훈련사 강형욱씨 말대로 우리 집엔 두 마리의 외로운 개가 생겨났다.

　어린 시절부터 개를 간절히 키우고 싶어 했던 나는 그리 좋은 보호자가 못 되었다. 그럼에도 그들은 한결같이 나를 기다리고 따랐다. 반려동물을 키워본 사람은 알겠지만, 보호자는 그 작은 생명들로부터 엄청난 사랑을 받게 된다. 그들의 사랑은 절대적이고 순수한 무언가다. 그들은 내 능력이나 지위와 상관없이 나라는 존재 자체를 바란다. 그런 그들의 모습을 보고 있으면 마음이 짠해진다.

내가 뭐라고 나를 저렇게 좋아해 주는 걸까. 사람의 보호가 필요한 연약한 그들이었다. 그중에서도 '마음이'는 내게 더욱 특별한 개였다. 다른 개들은 목줄이 풀리자마자 산으로 뛰어가지만 마음이는 늘 내 옆에 붙어 나를 올려다보며 걸었다. 공을 물어오는 것을 가장 좋아하던 마음이는 공을 쫓다가도 내가 부르면 곧장 돌아왔다. 그 친구는 내가 절벽으로 떨어지면 같이 뛰어내릴 것 같았다.

어느 날, 드디어 녀석들에게 넓은 펜스를 설치해 주게 되었다. 이제 묶어놓지 않아도 된다는 생각에 기분이 날아갈 것 같았다. 펜스 안에서 뛰노는 모습을 보니 비로소 제대로 된 보호자가 된 듯했다.

하지만 기쁨은 오래가지 않았다. 넓은 펜스를 누린 지 얼마 지나지 않아 한 녀석, 두 녀석 내 곁을 떠나가기 시작했다. 아직 어린 녀석들이 왜 이렇게 빨리 떠나는 걸까. 내게는 여전히 강아지 같았지만, 사람 나이로 치면 벌써 내 나이를 훌쩍 넘긴지 오래였다. 대형견은 7, 8년이면 노견이라고 한다.

　나의 시간과 그들의 시간은 달랐다. 내가 너무 늦은 것이다. 우리가 함께 한 8년은 내가 농촌에 정착한 후부터 지금까지의 시간이었다. 또 내 30대 시절의 대부분이기도 했다. 그 시간 동안 내 곁을 지켜준 녀석들. 그들이 내게 준 사랑과 즐거움에 비하면 내가 해준 것은 너무나 적었다. 최선을 다했다고 스스로를 위로해 봐도 마음은 계속 아파왔다.

어린 시절 해피와의 이별이 떠올랐다. 이번엔 해피 때처럼 누가 빼앗아 간 것이 아닌 내가 스스로 빼앗긴 시간이었다. 더 함께 할 수는 없었을까. 조금 더 시간을 낼 수도 있었을 텐데 왜 그렇게 바빴던 걸까. 마음은 후회로 가득했다. 다시는 그들을 볼 수 없음에 눈물이 쏟아져 내렸다. 오직 나만 바라보는 존재를 만난다는 것은 엄청난 일이었다. 그렇기에 그런 존재와의 이별은 아픈 그리움을 남긴다.

만약 하루를 오롯이 하고 싶은 일들로만 채울 수 있다면 나는 꼭 '반려견 산책'을 넣고 싶다. 그것은 그들만을 위한 것이 아니라 나를 위한 일이기도 했다. 그들을 돌볼 때 내 마음도 돌보아졌으며, 그들에게 자유를 줄 때 나도 자유를 맛보았다.

그런데 그것이 '만약'이라는 가정을 해야만 가능한 일인가. 해피와 뛰놀던 어린 시절처럼 살 수는 없는 걸까. 녀석들과의 이별은 내가 진정 사랑하는 것을 얼마나 미루며 살고 있는지 돌아보게 했다. 생각해 보면 그들의 시간만큼이나 우리의 생도 짧다. 그 찰나 같은 인생을 내가 사랑하는 것들로 채우고 있는가? 이 물음은 작은 생명들이 내게 남기고 간 마지막 선물이자 숙제가 되었다.

4. 꿈을 만나러 가는 여정

　　초등학교 때 나의 장래희망은 수의사였다. 나의 조그만 공책에는 온갖 계획과 포부가 잔뜩 그려져 있었다. 하얀 종이 위에 꿈을 그릴 때면 행복한 꿈속에 빠졌다. '세계 최고의 의술을 가진다.', '한국 동물보호협회 회장이 된다.'등. 원대한 목표였다. 건물 조감도 따위도 있었다. '1,2층은 병원, 3층부터 5층 까지는 훈련소.'등등. 나름대로 세밀한 계획이었다.

하지만 현실은 녹록지 않았다. 중학교에 올라가 보니 수의사가 되려면 이과 공부를 해야 한다는 것을 알게 되었다. '이과' 하면 수학이 가장 중요한 과목이었고, 나와 수학은 이미 방정식의 등장과 함께 멀어진 상태였다. 수의사가 되기 위해 만반의 준비를 해왔다고 생각했는데 다 소용없었다. 정말 필요한 건 병원 건물 조감도가 아니라 '공부'였다. 공부와 그다지 친하지 않던 내게는 큰 충격이었다. 지금 생각해 보면 그걸 몰랐다는 게 더 놀랍지만 어쨌든 나는 빛의 속도로 수의사의 꿈을 접었다. 이제 조그만 공책에는 다른 그림을 그려야 했다.

수의사를 포기한 후 새로운 그림을 찾기란 쉽지 않았다. '뭐가 내게 맞는 걸까? 나는 뭘 할 수 있을까?' 꿈이 사라진 내 마음은 빈 공책처럼 텅 빈 채 방황하고 있었다. 그러던 어느 날, 수학여행 장기자랑을 정하는 학급회의 시간이었다. 갑자기 맨 앞에 앉아있던 한 친구가 휙 뒤돌며 내게 말했다.

"민강미! 우리 허리케인블루 하자!"

허리케인 블루는 당시에 인기가 많던 개그 프로그램의 한 코너였다. 웃긴 가발을 쓰고 나와 립싱크를 하는 거였는데 너무 재밌을 것 같았다. 도시락도 한 번같이 먹어본 적 없었던 한 친구의 제안에 나는 흔쾌히 동의했다.

"그래. 완전 재밌겠다!"

우리는 방과 후에 웃긴 가발과 의상을 사러 다녔고 맹연습을 시작했다. 그때부터 우린 '절친'이 되었다. 둘 다 노래를 좋아해서 쉬는 시간마다 같이 음악을 듣고 노래를 따라 부르곤 했다. 꿈이 없어 시무룩했던 내게 활기가 생기기 시작했다. 하루는 친구가 내게 물었다.

"너는 꿈이 뭐야?"
"나? 요즘에 꿈 없어."

나는 시큰둥하게 대답했다.

"왜 너는 노래를 그렇게 잘하는데 가수가 꿈이 아니야? 나는 가수가 꿈이야."

나도 어린 시절부터 노래를 끼고 살았지만 가수는 한 번도 생각해 본 적이 없었다. 하지만 그 친구와 어울리면서 나의 공책에는 '가수'라는 꿈이 그려지기 시작했다. 세계 최고의 보컬. 이번에도 꿈은 원대했다. 누군가 꿈은 크게 가지라 했던가? 확실히 꿈은 크게 가질수록 신나는 것이었다. 우리는 학교 친구들을 모아 점심시간에 작은 콘서트를 열었고 기타를 사기 위해 모금을 하기도 했다. 참 재밌던 시절이었다.

나는 고등학교에 들어간 뒤 실용음악 학원을 다니며 본격적으로 음악대학 진학을 준비했다. 마음은 이미 세계 최고의 보컬이 되어 몇 만 명이 모인 스타디움에서 공연을 하고 있었다. 감사하게도, 실용음악과로 꽤 좋은 대학에 입학하게 되었고 졸업 후에도 음악 관련 일들을 활발히 할 수 있었다. 그야말로 탄탄대로였다. 하지만 다행인지 불행인지 음악 활동을 할수록 점점 귀가 높아져 갔다. 그리고 문득 세계 최고의 보컬은 될 수 없을 것 같다는 생각이 들었다. 세계 최고는 둘째 치고 내가 만족할 수 있는 노래를 하기도 힘들 것 같았다. 점점 노래를 부르는 것이 괴로워졌다. 잘한다는 소리를 곧잘 들었고 일도 계속 들어왔지만 만족스럽지 않았다.

재능 그 이상을 뛰어넘어야 되는 시점이었을까. 아니면 건강하지 못한 완벽주의에서 빠져나와야 했던 걸까. 그때는 내 상태에 대해 차분히 진단을 할 여유도 없이 그저 속수무책으로 노래가 싫어졌다. 학창 시절 친구와 함께 즐겁게 노래하던 행복감은 더 이상 느껴지지 않았다. 수의사를 포기했을 때의 좌절이 다시 마음속에 퍼져갔다.

나는 인생의 멘토가 되어 줄 만한 인사들을 만나기 시작했다. 당시 영감을 주었던 책의 저자나 예술가들을 만나면 어떤 해답이 있을 것만 같았다. 모두 멋진 분들이었다. 하지만 그들과의 만남에서 시원할 만한 해답을 찾지는 못했다. 그 후 나는 여행으로 눈을 돌렸다. 별을 보러 몽골 여행을 가기도 했고, 한 달간 배낭여행을 떠나기도 했다. 나름대로 즐거웠고 배운 것도 많았다. 그럼에도 마음속 방황은 멈추지 않았다.

그러던 어느 날, 한 친구가 권한 시골여행에 큰 기대 없이 동행하게 되었다. 그곳에 꿀이라도 발라져 있었던 걸까. 예정했던 1박2일 코스는 2박 3일, 3박 4일로 점점 길어졌고 결국 2년 정도 시골에서 살아보기로 결정을 했다. 나는 고민도 없이 서울 생활을 정리했다. 나의 갑작스러운 결정에 친구들은 의아해했고 부모님은 펄쩍 뛰셨지만 나의 결심은 완강했다. 인생의 돌파가 절실하게 필요한 시점이었다.

남들이 보면 현실 도피적인 결정이라 생각할 수 있는 나의 농촌 생활은 오히려 현실 그 자체였다. 음악을 할 때는 알지 못했던 리얼한 삶의 현장을 경험하기 시작했다. 돈 없이도 살 수 있을 것처럼 굴었던 나였다. 철없이 마음 가는 데로만 살았던 내가 해 뜨기 전에 눈을 뜨고, 초저녁부터 곯아떨어지는 생활을 하기 시작했다. 그렇게 점차 삶의 리듬이 변해갔다. 그런 생활 속에 외로움이나 불면증 같은 것은 낄 틈이 없었다.

그리고 많은 사람들이 성실히 살아가는 것을 보게 되었다. 그 속에서 나는 새로운 꿈을 꾸기 시작했다. 그건 바로 '오늘을 사는 것'이었다. 내게 주어진 오늘이라는 단 하루. 이 하루를 최선을 다해 사는 것. 꿈이라고 하기엔 어쩐지 시시해 보이는 이 꿈은 내겐 결코 작은 꿈이 아니었다. 이전에 꾸었던 원대한 꿈들 못지않게 나에겐 쉽지 않은 일이었다. 나는 습관처럼 과거와 미래를 맴돌며 오늘을 살지 못하던 사람이기 때문이다. 온전하게 오늘을 산다는 것. 어쩌면 이 꿈은 내가 그동안 꾸어왔던 꿈들 중 가장 어려운 꿈일지도 모른다.

나의 새 꿈에는 좌절이 없었다. 오히려 시간이 갈수록 내 삶을 단단하게 지탱해 주는 역할을 해주고 있다. 재미있는 것은 좌절되었던 꿈들까지 다시 만나게 된 것이다. 한국동물보호협회 회장은 못되었지만 유기된 새끼 고양이를 돌보고, 세계 최고의 의술을 가진 수의사는 못되었지만 아파서 버려진 개를 데려와 살리기도 했다. 또, 세계 최고의 보컬은 못 되었지만 내가 살고 있는 지역에서 이웃들과 함께 재능을 나누고 있으니 그야말로 하고 싶었던 것은 다 하며 살고 있는 셈이다.

특히 드넓은 산과 들에서 노래를 부를 때면 어떤 대형 스타디움도 부럽지 않다. 나를 괴롭게 했던 노래는 이제 다시 내 삶의 즐거움이 되었다. 학창 시절에 친구와 함께 부르던 노래처럼 말이다.

꿈은 내 인생에서 불꽃처럼 생겨났고 또, 연기처럼 사라지기도 했다. 꿈은 그렇게 삶에 활기를 넣어주고 좌절도 주었으며, 다시 일어서게도 만들었다. 꿈이 좌절되던 순간조차 다음 여정을 향해 내딛는 한 걸음이었으니 그 모든 걸음이 의미가 있었다. 내 꿈이 또 어떻게 바뀔지 나도 모른다. 그저 꿈을 꾸며, 꿈을 만들어 가는 인생이 즐겁다. 인생은 아마도 내 꿈들을 만나러 가는 여정일지도 모른다. 나를 애타게 찾는 그 꿈을 나는 오늘도 만나러 간다.

5. 슬기로운 농촌생활

새벽 알람이 울린다. 나의 농번기 알람은 4시 반이다. 끔찍해 보이는 이 시간도 농번기에는 보통의 시간이다. 첨엔 잠자리에 들자마자 아침이 오는 것 같았지만 인간의 신체는 생각보다 꽤 적응을 잘 한다. 기분 좋게 아침을 맞이하기 위해 좋아하는 음악으로 알람을 해놓은 적이 있다. 하지만 얼마 후 그 음악은 가장 싫어하는 음악이 되어 버렸다.

그 후 나는 4시 반 알람을 하기 시작했다. 5시 알람을 해도 충분할 때조차 4시 반 알람을 하는 이유는 '5분만'의 달콤함 때문이다. 알람이 울리자마자 반사적으로 데구루루 굴러 핸드폰으로 손을 뻗는다. 그리고 '5분후 다시 알림'을 누르고 다시 잠을 청한다. 그러면 왠지 5분이 덤으로 생긴 기분이다. 이불속에서 혼자 씩 웃을 때도 있다. 그렇게 몇 번을 반복하면 왠지 충분히 잔 것 같은 느낌이 든다. 그렇게 스스로를 조련하며 초보농부의 하루가 시작된다.

바깥에 나오면 아직 어둠이 짙다. 농부들은 보통 달을 보며 출근을 한다. 어두운 도로에 트럭들이 하나둘씩 지나가면 누구의 차인지는 몰라도 반갑다. 눈을 비비며 일꾼들을 픽업하는 장소로 간다. 새벽부터 사람들로 바글바글하다. 나보다 일찍 일어나 점심 도시락까지 준비한 일꾼들을 보니 새벽의 칭얼거림이 철없게 느껴진다. 그렇게 일꾼들과 하루 일을 시작하면 '5분만'을 외치던 나는 온데간데없이 쌩쌩해진다. 일하는 중간에 마시는 물은 약수 같고 평소에 잘 먹지 않던 빵도 꿀맛이다. 그렇게 하루 일을 마치고 해가 기울어 갈 때쯤 일꾼들을 큰 소리로 부른다. "집에 갑시다!" 하루의 고단함이 씻기는 말이다.

외국인 일꾼들은 얼마나 고향 집이 그리울까. 백미러로 일꾼들을 흘깃 본다. 일꾼들은 뭐가 그리 재밌는지 자기들끼리 하하 호호 웃으며 떠든다. 내용은 몰라도 나도 함께 미소가 지어지는 웃음이다. 웃는 얼굴은 모두 아름답다지만 노동자들의 웃는 얼굴에는 특별함이 있다. 달리는 차위로 부는 시원한 바람이 일꾼들의 얼굴에 묻어있는 고단함을 씻어가고, 저무는 노을빛이 그을린 얼굴에 윤기를 더해준다. 하루를 마무리하는 환한 웃음에 얼굴들을 더욱 빛이 나고, 검은 눈동자에는 그날의 수고가 영광으로 새겨져 있다.

    농촌의 일이 밭에서만 이루어지는 것은 아니다. 수확 철에는 농산물 판매를 위해 인근 도시에 있는 경매시장에 가게 될 때가 있다. 보통 새벽 4시쯤 집을 나서게 되는데, 그때는 세상에 나만 깨어있는 것 같다. 안 그래도 차가 많지 않은 시골길에 차를 구경하기 더 힘든 시간이다. 농산물을 가득 실은 내 트럭 불빛만이 가로등 하나 없는 어두운 길을 가르며 달린다. 혹시 졸음이 올까 봐 라디오 채널을 돌려본다. 라디오 디제이와 그 시간 함께 방송을 듣고 있을 사람들에게 묘한 유대감을 느낀다. 그렇게 한 시간 정도 달려가면 공판장에 도착하게 되는데 이곳은 또 다른 세상이 펼쳐진다. 방금 전의 고요함은 언제 있었냐는 듯 그야말로 시끌벅적한 시장이 열린다.

큰 소리로 '오라이, 스톱.'을 외치며 주차를 돕는 사람들, 일찌감치 도착해 농산물을 다 내리고 돌아가는 농부들, 일사불란한 몸짓으로 농산물을 경매 상자에 담는 사람들, 날카로운 눈빛으로 무게를 재는 사람들, 영수증을 끊어주는 사람들. 참으로 생동감 넘치는 현장이다. 그렇게 경매시장 사람들에게서 밭에서와는 또 다른 차원의 에너지를 얻고 간다.

나는 올해로 마흔이 넘었다. 처음 농촌에 왔을 때도 막내 축에 끼었는데 지금도 여전히 막내 반열에 있다. 농촌에서 마흔은 도시의 20대와 같은 존재다. 자연스레 지역의 여러 봉사 단체에서 러브콜이 쇄도하고, 그렇게 자의반 타의 반으로 가입된 단체가 이미 다섯 손가락을 넘어섰다. 이 작은 고장에도 다양한 사람들이 참 많았다.

이곳에서 평생을 살아온 분들은 물론, 나처럼 도시에서 새 삶을 찾으러 온 사람들, 철마다 만나게 되는 상인들과 외국인들까지. 각기 다른 터전에서 살아온 사람들인 만큼 저마다 다른 이야기들을 가지고 있었다. 얼핏 보면 단조로워 보이는 농촌의 삶도 여러 사람들이 어우러져 역동적인 농촌을 만들고 있다. 삶의 지혜를 전해주는 어르신들, 작은 것도 나눌 줄 아는 정다운 이웃들, 바쁜 농사철에 함께 땀 흘리는 외국인 일꾼들. 그렇게 많은 사람들과 함께 계절의 변화와 희로애락을 느껴간다.

만남의 시간들이 쌓여 나는 이곳을 점차 사랑하게 되었고, 지금은 제2의 고향이 되었다. 여행 사진에 나올 것 같은 멋진 절경 속에서 푸른 생명을 만지며 살아가는 것은 너무나도 큰 축복이다. 하지만 무엇보다도 나의 농촌 생활을 아름답게 만든 것은 사람들과의 만남이었다. 사람들 속에서 얻는 에너지와 감동은 어떤 예술보다도 뜨거운 울림이 있다. 누군가 내게 오랜 시간 동안 농촌에 살 수 있었던 비결을 묻는다면 이렇게 말할 수 있을 것 같다. '자연'이라는 아름다운 포장지 안에 '사람'이라는 선물을 발견했기 때문이라고. 오늘도 나는 길을 나서며 반가운 이웃들에게 힘차게 인사를 한다.

"안녕하세요!"

6. 달 아래 고요한 시간

　문명의 발전이 절정에 이르고 있는 요즘. 세상에는 사람을 돕는 편리한 것들이 넘쳐난다. 시골에 사는 나조차 불편함을 느끼지 않을 만큼 모든 것이 쉽고 빠르다. 주문한 물건은 다음 날이면 도착하고, 집안에는 식기세척기, 건조기, 로봇청소기 등 각종 전자제품이 가사노동을 덜어준다. 농촌의 식당과 카페에서도 키오스크 오더와 서빙 로봇을 심심찮게 볼 수 있다. 뿐만 아니라 원하는 정보를 쉽게 얻을 수 있고 인공지능의 발전은 창작의 영역까지 침투하고 있다.

소통의 영역도 마찬가지다. 타인의 삶을 쉽게 들여다보며 나의 삶을 원하는 만큼 드러낼 수 있다. 나와 취향이 맞는 친구를 선택해 사귈 수 있으며, 손끝 하나로 지구 반대편의 이웃과 소통이 가능하다. 그럼에도 사람들은 더 외로워졌다. 모두가 연결된 세상인데도 말이다. 게다가 그 자유의 대가로 우리는 끊임없이 자극에 중독되고 있다. 모든 것이 즉각적으로 해결되는 시대에 노력과 기다림은 설자리를 잃었다.

나 역시 그 함정에 빠진 현대인 중 하나다. 언제부터인지 휴대폰은 나의 일부가 되었고, 끊임없이 정보를 주입하고 자극을 받는 상태가 되었다. 운전을 하기 위해 잠시 앉아서도 습관적으로 영상을 검색하고, 화장실에 갈 때도 휴대폰을 갖고 간다. 그냥 볼일만 보면 뭔가 허전한 걸까. 심지어 피곤해서 눈꺼풀이 무거워질 때조차 마지막으로 한 번 화면을 들여 본다. 핸드폰을 의존하는 작은 습관들은 나도 모르는 사이 소중한 시간들을 조금씩 갉아먹고 있었다. 특히, 아파서 쉬어야 할 때마저 휴식 대신 자극을 찾고 있는 나를 발견했을 때, 내가 이미 중독의 경계에 있다는 것을 깨달았다.

하루 종일 방구석에 박혀 핸드폰만 바라보는 것만 중독이 아니라 이게 바로 중독이었다. 삶에 지장을 주지 않는다고 하지만 내 의지와 상관없이 무의식적으로 자꾸 선택하게 되는 것. 중독은 대게 그런 것이었다. 엄밀히 말하면 삶에 지장을 주지 않는다고 단언할 수도 없었다. 머릿속에는 늘 새로운 정보가 입력되지만 정작 나의 내면은 비어가고 있었으며, 바빠서 미루어 두었던 목표와 계획들은 '언젠가 시간이 나면 해야지'라며 한구석에 계속 쌓여가고 있었기 때문이다.

    고도화된 문명 속에서 내 중심을 잡고 산다는 것은 어쩌면 큰 도전일지 모른다. 그 물살을 거스르는 것은 마치 거꾸로 강을 거슬러 올라가는 연어의 몸부림과 같다. 물살을 거스르기 위해 발버둥을 치다 보면, 어떤 때는 마음먹은 대로 잘 되기도 하고 어떤 때는 급류에 그냥 떠내려가기도 한다. 비단 핸드폰뿐이 아니다. 무언가 좋지 않은 행동을 끊으려 할 때마다 내 안에서 엄청난 저항이 일어나는 것을 쉽게 느낄 수 있다. 오랜 시간 그것과 한 몸으로 살았기 때문이다. 어쩌다 인내심을 발휘하여 참아낸다고 해도 삶이 극적으로 더 행복해지는 것도 아니다. 오히려 의지해온 무언가를 빼앗긴 기분마저 들며, 물살에 떠내려가며 살 때는 몰랐던 새로운 고통까지 느껴진다. 그 과정에서 알게 되었다. 중독은 단순히 무언가를 '끊어내는 것'만으로는 충분하지 않다는 것을.

나는 거센 물살을 뛰어넘을 힘이 필요했다. 그것을 위해 내가 찾은 해답은 '달 아래 고요한 시간'이었다. 넘치는 정보들로 뇌를 계속 자극하는 것에서 벗어나 잃어버린 나를 찾는 고요한 시간. 이 시간을 가장 잘 보내는 방법은 휴대폰을 가능한 멀리 두는 것이었다. 그렇지 않으면 '달 아래 휴대폰 하는 시간'이 되어 달빛이 아닌 휴대폰 불빛이 내 얼굴을 감싸게 된다.

하루 중 잠깐이라도 휴대폰 항시 대기 상태에서 벗어나는 것은 생각보다 좋은 영향을 미쳤다. 처음에는 낯설고 불편했다. 늘 손에 쥐고 있던 휴대폰이 손에 없는 것만으로도 허전함이 밀려왔고, 금단 현상처럼 불안감이 스며들었다. 나는 그 불편함을 내 상태를 알려주는 신호이며 과정이라 여겼다. 조금씩 마음에 변화가 일어나기 시작했다.

이 시간은 단순히 가만히 있는 시간이 아닌 창조주 앞에 나를 그대로 내려놓는 기도의 시간이다. 달빛 아래서 고개를 들어 하늘을 바라보았다. 어떤 날은 달무리가 나를 비추고, 어떤 날은 은하수가 하늘을 덮는다. 높게 서있는 소나무는 하늘과 만나 한 폭의 그림이 되었다. 그 아래서 나는 누구의 시선도 의식하지 않은 채 그냥 나로서 존재한다. 세상에서 분투하며 살아온 초췌한 모습, 같은 실수를 늘 반복하는 모자란 모습, 이리저리 치여 지친 모습, 아무것도 하고 싶지 않은 무기력한 모습. 약하고 못난 모습. 그렇게 먼지 같은 내 모습 그대로 나는 우주의 주인의 품에 안긴다. 그 품 안에서 받는 위로와 사랑이 내 마음을 가득 채운다.

    달빛 아래 그 고요 속에서 하나님과 교제하며 나는 조금씩 회복되고 있다. 그 안에서 몸과 마음이 디톡스 되면 그토록 의지하던 자극들도 매력이 없어진다. 홍수 같은 문명의 몰아침과 나를 얽매고 있던 나쁜 습관들이 힘을 잃어버린 것이다. 끊으려고 용을 쓰는 것이 아니라 채움으로써 비워진 것이었다. 다시 나의 리듬과 방향을 찾는다. 이제는 거꾸로 강을 거슬러 올라가는 것마저 신나는 일이 된다. 달 아래 고요한 시간. 이 세상을 살아가는 내게 꼭 필요한 쉼이자 온전한 나를 찾는 시간이다. 그리고 내가 가장 사랑해야 할 시간이다.

네 번째 이야기

행복의 비밀을
탐색하는 그녀

이
경
자

-

"살아가면서 수없이 넘어지고 일어서기를 반복한다. 때론 태풍이 오고 때론 쓰나미도 온다. 마음이 힘들어 어디에도 기댈 곳이 없을 때 내 몸을 깨어나게 하는 것도 발이다. 한 걸음이라도 걸으면서 어디라도 걷고 오면 힘든 마음이 한결 가벼워진다. 그 가벼워진 마음이 다시 일어설 수 있는 원동력이 되기도 한다."

1. 내 사랑 짝꿍 아프지 않기를

　　며칠 전 새벽 아침 식사 준비하려고 일어나는데 남편이 어지럽다고 했다. 속이 메슥거리고 구토까지 할 것 같다고 했다. 그러면서 엎드려서 꼼짝을 못했다. 순간 쿵 하고 총이라도 한 대 맞은 듯 무너지는 느낌이었다.

　　"차 타러 내려갈 수 있어요?"라고 하면서 자동차 키를 꺼냈다. "일어나면 어지러워 안 되겠네요." 119를 불러달라고 말했다. 뭔가 큰일이 난 것처럼 마음이 불안했다.

부랴부랴 119에 전화하고 잠시 기다렸더니 남편은 토하러 화장실 들어가고 사정은 긴박하게

돌아가고 있었다. 불과 얼마 있지 않아 소방대원이 왔다. 혈압과 당 체크를 하더니 휠체어에 태워서 아파트 주차장으로 내려갔다. 병원까지 가는 데 걸리는 시간이 10분도 안 걸리는데 한 시간은 되는 듯 느껴졌다.

짧은 시간 별별 생각이 다 들었다. 뇌출혈이면 어쩌나? 뇌경색일까? 오만가지 생각이 스쳐 지난다. 요즘 주변에 뇌경색 환자들이 유난히 많은 걸 보았다. 그러다 보니 불안한 마음은 더욱 커졌다.

병원에 도착해서 응급실로 들어갔더니 간호사가 일단 MRI를 찍고 혈액검사를 하자고 했다. 그 시

간을 기다리는 동안 혈압도 높고 심장 박동도 60-100이 정상인데 계속 40이란 숫자가 깜빡거리고 있었다. 한결같이 일만 하고 살아왔는데 혹시라도 남편이 잘못될까 봐 노심초사인 건 어쩔 수 없었다.

MRI 찍으러 간 사이 가까운 분께 몇 통의 전화를 하고 기다렸다. 짧은 시간이지만 마음 졸인건 너무나 긴 시간으로 느껴졌다. 다행히 뇌에 이상은 없고 피 검사결과도 괜찮다고 하였다. 예전에 있었던 이석증이 잠시 재발한 모양이다. 근래 새벽 출장을 자주 다녀서 너무 무리했나 보다. 며칠 분 약을 처방해 주고는 절대 안정을 취하고 무조건 쉬라고 한다. 사정상 쉴 수 없어도 하루라도 모든 일정을 미루고 잠만 잤다. 집으로 돌아오는 택시 안에서 많은 생각이 들었다. 사람은 아프기 전에 분명 전조증상이 나타난다. 물론 본인이 못 느낄 수 있지만 그걸

무시하면 큰 병이 온다. 마음이 시키는 대로 살면 꼭 병이 찾아온다. 나이 들수록 몸이 시키는 대로 살아야 한다. 마음이 시킨다고 욕심을 부리면 탈이 나게 되어있다.

집에 오니 아들은 청소년 위원회에서 세종시의 청소년 위원회와 함께 하는 역사 문화 교류일로 1박 2일 일정으로 서울로 떠났다. 아들마저 타지로 떠나면 남편과 둘만 남겠구나. 좀 더 따뜻한 마음으로 잘해야겠다는 생각이 들었다.

119를 타고 가던 순간 선팅된 차 유리 위로 눈이 부시게 햇살이 희뿌옇게 비추었다. 당황하고 놀랐지만 큰 탈은 없다고 하니 천만다행이라고 느껴진다.

오늘은 찬란하게
빛날 거예요

지루한 일상이라 하지만 반복되는 일상이 얼마나 행복한지 새삼 깨닫는 아침이었다. 소소하게 이어지는 매일의 생활에 감사하고 또 감사할 따름이다. "순간 감사합니다."라고 외치고 싶었다.

순간 월터 하겐의 "서두르지 마라. 걱정하지 마라. 이 세상에 당신은 짧은 여행을 온 것이다. 잠시만이라도 멈춰 서서 장미꽃 향기를 맡아 보라."는 명언이 떠올랐다.

잠시 소풍 온 것처럼 여행 온 것처럼 살 수 있으면 얼마나 좋을까 마는 현실은 그렇지가 못하다. 잠시 쉬어가도 괜찮을 듯한데 남편이 하는 일이 전기 일이라 그게 쉽지는 않다. 일정이 잡히고 보면 미루기도 힘든 상황이다. 특히 휴무 공사도 많다. 남들이 쉴 때 기계가 멈추니 전기 일은 그때 하는 경우가 많기 때문이다. 나름대로 근력 운동도 게을리하지 않고 마라톤도 하면서 체력을 다지기는 하지만 나이는 못 속인다. 마음만 청춘이지 분명 체력에 한계는 있는 법이다.

아들의 소원은 아빠랑 외국 한번 나가보는 것이다. 가까운 일본이라도 …. 그거 한번 실천하기도 쉽지 않다. 사느라 바쁘다고 자꾸만 미루다 보니 어느새 아들은 고등학교 2학년이 되었다. 아들에게 미안한 마음이 들었다. 언젠가 한 번 2박 3일 제주도로 가족 여행을 갔는데 여기저기서 전화가 계속 오니 온전한 여행이 되지 못했다. 그러니 어디 외국은 꿈이나 꾸어 보겠는가? 적당한 시기에 사업을 접으면 떠날 수 있을까?

맞선보던 날 남편에게 들었던 말이 문득 생각난다. "가진 것은 없어도 최선을 다해서 열심히 살겠다."고 한 약속은 잘 지키고 있다. 성실하고 반찬 투정 한번 한 적 없고 피우던 담배 끊은 지도 10년은 다 되어 간다. 술도 딱 알맞게 한 두잔 정도 마시는 편이다.

우린 결혼 30년이 넘었건만 하루도 빠짐없이 출근길 현관에서 뽀뽀와 포옹을 한다. 아침에 출근하는 남편에게 뽀뽀해주는 건 안정감을 주고 교통사고도 줄일 수 있다고 어디서 들은 것 같기도 하다. 나무랄 데 없이 착하고 성실한 남편은 영원한 내 사랑 짝꿍이다. 아프지 말고 오래오래 함께하길 기도해본다.

2. 발과 함께 한 모든 날

　　주말과 휴일에 사뿐히 걸으면서 산책을 한다. 어느새 들녘에 벼가 누렇게 익어서 고개를 숙이고 있다. 가로수는 조금씩 물들어 가고 코스모스도 한 송이씩 피고 있다. 그 무덥던 여름도 한풀 꺾이었다. 뺨을 스치고 지나는 바람이 상쾌하게 느껴진다. 내가 자주 다니는 산책길에는 유난스레 빨리 예쁘게 물드는 나무가 있다. 동요 〈반달〉에 나오는 계수나무이다. 하트 모양의 잎새가 벌써 노랗게 물들어 있다. 여름내 줄기차게 비가 내리더니 비의 무게만큼 무게가 가벼워진 탓인지 하늘이 높이 달아난 것 같다. 미루나무도 하늘 높은 줄 모르고 키가 얼마나 큰지 목이 아프도록 높이 쳐들어야 볼 수 있다. 어느새 고추잠자리도 날아다니고 귀뚜라미 소리도 들린다. 이렇게 가을은 소리 없이 우리 곁으로 다가온다. 산책하기에 딱 좋은 날씨이다.

아주 어렸을 적, 한 50년쯤 전쯤으로 기억한다. 검정 고무신 신는 사람이 많았다. 난 검정 고무신을 싫어했다. 내 마음을 아시기라도 한 듯 어느 날 아버지는 장에 가시더니 하얀 고무신을 사다 주셨다. 그 신발을 신고 날아갈 듯이 기쁜 마음으로 동네 한 바퀴를 돌았던 기억이 지금도 생생하다. 하얀 고무신만 신어도 신났던 그 시절이었다.

어느 날 도시에서 전학 온 한 친구가 하얀 운동화를 신고 있었고 안경을 끼고 있었다. 그 시절

안경 낀 사람이 드물어서 그런지 안경 낀 모습이 멋있어 보였다. 안경이 뭐라고 돌려가면서 써보기도 하였다. 그때 찍었던 사진이 아직도 생생하게 앨범 한 페이지를 차지하고 있다. 하얀 운동화 신은 친구가 살짝 부럽기도 하였다. 그 시절 운동화 신은 친구는 60명이 넘는 학생 가운데 몇 명 되지 않았다. 그때만 해도 운동화는 부자들만 신는 신발이었다.

    20대 때 잠깐 뾰족구두 신은 거 말고는 나지막한 구두만 신었다. 나이가 들수록 편한 것만 신게 된다. 무지외반증이 살짝 있어서 이제는 운동화만 신게 된다. 볼이 넓고 쿠션이 좋은 운동화를 사랑한다. 걷기를 좋아하고 마라톤을 하니까 운동화만큼 편한 신발은 없다.

세월이 갈수록 치수도 한 치수 크게 신는다. 젊었을 때는 딱 맞는 신발이 좋았는데 이젠 여유로운 신발이 발도 편하고 좋다. 마음 씀씀이도 나이 들수록 자꾸만 넓게 써야지, 나도 편하고 남도 편하게 느끼는 것 같다.

어느 날 저녁 산책을 하면서 작은 개울물이 있는 곳에 잠시 발을 담궜다. 바닥에 모래가 내 발바닥을 살짝 간지럽히는 것 같았다. 5분 정도 그러고 있는 동안 발이 너무 시원하였다. 산책을 마치고 돌아와서 씻고는 얼굴에 로션을 열심히 바르고 앉았다. 문득 발을 보았다. 살이 쏙 빠져서 심줄이 파랗게 다 드러나 보였다. 얼굴만 나이 드는 티가 나는 게 아니었구나. 발도 어느새 나이든 티가 나는구나. '이만큼 살아오는 동안 내가 다닌 모든 곳을 데려다 주느라 힘들었겠구나.' 하면서 로션을 듬뿍 발라서 마사지해 주었다.

마라톤과 산책 다닌 것만도 얼마던가? 발은 단 한 번도 불평불만이 없다. 아직은 아프지 않으니까 말이다. 매일 세수하고 얼굴은 손질하면서 발은 별로 신경을 쓰지를 못했다. 앞으로는 자주 맛사지 해주고 어루만져 주어야겠다.

우리의 신체 어느 한 부분 소중하지 않은 것이 있을까? 마는 발은 내 몸 전체를 데리고 다녀야 하니 얼마나 무겁고 고생이 많을까? 세상에 당연한 것은 없다. 발에 로션을 발라주지 않았다면 이렇게까지 많은 생각을 못 했을 것 같다. 발의 고마움을 말이다.

몇 년 전 자전거를 배우다가 넘어져서 오른쪽 발 옆에 인대가 늘어나서 고생한 적이 있다. 며칠 동안 마음대로 발을 디딜 수도 걸을 수도 없었다. 얼마나 답답하고 힘들었는지 모르겠다. 산책도 하고 싶고 도서관도 가고 싶었다. 집에서 잠깐씩 움직이는 것조차 힘이 들었다. 누구보다 움직임을 좋아하는데 그걸 못하니 모든 게 멈춘 것 같았다. 새삼 발이 얼마나 고맙고 소중한지를 깨달았다.

살아가면서 수없이 넘어지고 일어서기를 반복한다. 때론 태풍이 오고 때론 쓰나미도 온다. 마음이 힘들어 어디에도 기댈 곳이 없을 때 내 몸을 깨어나게 하는 것도 발이다. 한 걸음이라도 걸으면서 어디라도 걷고 오면 힘든 마음이 한결 가벼워진다. 그 가벼워진 마음이 다시 일어설 수 있는 원동력이 되기도 한다. 오늘도 무심히 산책하면서 내가 아끼는 발과 신발을 사랑한다.

오늘은 찬란하게
빛날 거예요

3. 초록 찻잔의 추억

 문득 생각해보니 40년 전에 초록 찻잔 두 개를 샀다. 그때만 해도 수입코너가 그리 흔하지 않았다. 지금의 잠실 롯데월드 맞은편 주공 고층아파트 상가에 있었던 가게에서 나의 첫눈에 들어온 것이었다. 한 치의 망설임도 없이 샀다. 조심스럽게 다루었어도 한 개는 깨어지고 지금까지 남은 하나는 내 곁에서 잘 버티고 있다. 나의 분신처럼 이사 다닐 때마다 고이고이 포장해서 다녔더니 내 사랑과 추억의 찻잔이 되어가고 있다. 찻잔 속이 하얀색이라 어떤 차를 담아도 잘 어울리고 예쁘게 보인다.

찻잔을 보고 있자니 잠실 석촌 호수 옆 롯데월드 자리가 버들강아지와 달맞이꽃이 흐드러지게 피고 허허벌판이었던 시절이 떠올랐다. 찻잔 하나 덕에 잠시 20대로 돌아간 느낌이다. 이렇게 보니 물건, 일기, 사진이 그때 그 순간을 떠올리기에는 더없이 좋은 추억의 선물 같다.

스트레스를 받거나 소화가 안 될 때는 새콤 달콤 따뜻한 매실차 한잔을 타서 마시면 금방 속이 편안해진다. 찻잔이 초록색이라 그런지 눈까지 편안해 짐을 느낀다. 업무에 집중할 때는 따뜻한 아메리카노를 마신다. 잠이 안 올 땐 캐모마일 차 한잔을 은은히 우려서 마신다.

초록빛 찻잔에 내 생각과 추억을 담아 마시고 있다. 녹차를 타서 마실 때마다 쪼그라든 녹차잎이 서서히 펴지는 모습을 보면 우리의 마음과 비슷하다는 생각을 해본다. 괜히 마음을 좁혀 있지 말고 마음껏 기지개를 펴면서 우리 마음도 활짝 펴 보면 넓은 마음이 되는 것 같다.

차 한잔을 마시면서 감정의 온도도 조절할 수 있는 것 같다. 마음에 드는 찻잔 하나 덕분에 나쁜 감정에 휘둘리지 않고 차분한 마음이 된다.

얼마 전 출간하신 작가님 강연회를 다녀왔는데 감사했다고 좋은 차를 보내주셨다. 포장도 고급스럽고 차 향기도 은은하다. 레몬 루이보스 스칼렛 꽃차 골든 캐모마일 종류도 다양하다. 가끔 초록 찻잔에 담아 마시면서 속을 들여다본다. 차 색깔이 여러 색이다. 노란색 레몬차 한잔에 생각이 많아진다. 그걸 보면서 우리의 마음은 무슨 색일까? 궁금해진다. 오래된 지인이나 친구는 노란색일까? 초록색일까? 옛날 어른들 말씀으로 '열 길 물속은 알아도 한 길 사람 속은 모른다.'라고 했는데 마음에 와닿는 말이다.

    살아갈수록 인간관계가 어렵다. 백번 잘해주다가 한번 잘못하면 돌아서는 게 인간관계다. 살아있는 한 사람한테 상처받고 위로받는다. 때로는 사람이 아닌 작은 물건 하나에 위로도 받고 추억의 장으로 스며들어 행복함을 느낄 때도 있다.

    아직도 연락을 주고받는 중학교 3학년 담임 선생님을 떠올리면 지금도 활력이 된다. 어느새 45년은 되었나 보다. 며칠 전 통화를 했는데 여전히 활기차신 것 같다. 자주 찾아뵙지는 못하고 소식은 가끔 전해드리는 편이다.

사람 관계도 그렇고 물건도 내가 사랑하고 아껴 주지 않으면 오래가긴 힘들다. 선생님도 그렇고 나도 그렇다. 잊을 만하면 누가 먼저랄 것도 없이 안부를 주고받는다. 선생님이 첫 부임을 받아서 온 학교였기 때문에 더 애정이 가는 제자인지도 모르겠다. 나 역시 한창 사춘기 시절 그렇게 열성적인 선생님이 인상적이었기 때문이 아닌가 싶다. 교실 청소를 할 때면 바지 둥둥 걷어 올리시고 시원스레 청소하시던 모습이 지금도 눈에 선하다.

나는 얼마 전 개인 저서 첫 출간을 했다. 제일 먼저 선생님 생각이 났다. 책 두 권을 보내드렸더니 하루 조금 더 걸려서 읽으시고 카톡을 보내주셨다.

"네가 몸도 힘들고 아픈데도 남에게 잘 베풀고 긍정적으로 생활해 왔다는 것을 알았다. 천성이 고운 것은 알았지만, 선한 마음으로 세상을 맞섰구나! 책을 읽는 동안 내내 '청출어람' 고사성어를 떠올리게 된다. 열심히 살아온 네게 박수를 보낸다."

책 읽으셨다고 인증을 해 주시는데 얼마나 감사하던지 모르겠다. 초록 찻잔에 차 한잔을 만들어서 마주하면 그리운 사람도 내가 다닌 거리도 모두가 새삼스럽게 떠오른다. 사진 한 장 찍고 다녔던 거리도 문득 떠올려보면 새삼 추억이 되고 살아가는 이유가 되기도 한다. 내가 초록 찻잔을 유난히 사랑하고 자주 그 찻잔에 차를 마시는 이유가 애착이 많이 가서이다.

"매일 행복하진 않지만 행복한 일은 매일 있어."
『곰돌이 푸』에 나오는 명언처럼 우리의 나날도 조금

씩이라도 매일이 행복하길 바라면서 오늘도 초록 찻잔에 은은한 차 한잔을 마시는 여유를 부려본다.

4. 내가 살고 싶었던 사랑하는 바다

    나는 바닷가에서 살고 싶었다. 내가 살았던 곳이 경상북도 칠곡군 지천면 사방이 산으로 둘러싸인 곳이었다. 바다와는 거리가 아주 먼 곳이었다. 그래서인지 바다에 대한 동경이 컸다. 결혼은 바닷가에 살 수 있는 사람과 하고 싶었다. 중학교 때 남해로 수학여행을 간 적이 있지만, 그 외에는 바다에 간 적이 거의 없었다. 그래서 바다는 나에게 늘 동경의 대상이 되었다.

고등학교 1학년 때 오빠가 공무원으로 첫 발령을 받은 곳이 영덕이었다. 꼭 한번 가고 싶었는데 그 기회가 생겼다. 둘째 언니가 오빠를 만나러 영덕을 간다고 하였다. 언니에게 따라가겠다고 했더니 비포장도로라서 멀미한다고 안 된다고 하였다. 나는 절대 멀미 같은 것은 안 한다고 우겨서 따라가게 되었다. 울퉁불퉁 비포장도로인 데다 꼬불꼬불 고갯길 4시간도 넘게 걸렸다. 살짝 후회도 했지만 바다가 보이는 순간 따라오길 진짜 잘했다 싶었다.

오빠가 하숙하는 집으로 가서 맛난 저녁도 먹고 별빛이 수없이 반짝이는 밤에 모래사장을 걸을 땐 정말 행복했다. 늘 사방 푸른 산만 바라보고 살다가 확 트인 바다를 바라보는 순간 온 세상에 근심이 다 달아나는 것 같았다. 시원한 사이다 한잔 쭉 들이킨 것 같은 속 시원함이 있었다.

그 이튿날 아침에 바닷가에 나가 보았다. 파도에 밀려 모래사장으로 나온 실오라기 같은 초록색 파래랑 미역, 다시마가 얼마나 싱그러워 보였는지 모른다. 그때부터 나는 바다를 더 좋아하고 사랑하게 되었다.

결혼하고 정신없이 살다가 딸아이가 3-4살 정도 되었을 때였다. 갑자기 한 해의 마지막 날에 일출 보러 갈 일이 생겼다. 그때가 드라마 〈모래시계〉가 한창 인기가 있어서 정동진으로 일출 여행을 많이 갔었다. 새벽 3시쯤 출발해서 정동진을 가는 내내 차도 많이 밀렸다. 정동진에 거의 다 갔을 때쯤, 아예 차가 꼼짝을 안 했다. 그때부터 사람들이 갓길에 차를 세우고 걸어서 갔다. 우리도 어쩔 수 없이 아이를 안고 업고 1시간쯤은 걸은 것 같다. 피곤하였지만 일출을 보는 순간은 모든 걸 잊을 수 있었다. 그때를 생각하면 그리움이 가득하다.

그래서 우리는 일출 가족 여행을 다니기로 하였다. 일출 가족 여행을 다닌 지 10년 정도 되었다. 해마다 연말이면 속초 강릉 서울로 어디로든 다녔다. 어디를 다녀 봐도 일출 여행은 바다가 제일 좋다. 태양의 빛이 퍼지는 속도와 그 모습이 물에 비치면 그야말로 장관이다.

이글거리며 둥실 떠오르는 태양을 보고 있으면 우리의 삶도 태양의 뜨거움 만큼이나 열정이 있어야 삶이 빛나지 않을까 싶다. 태양이 둥실 떠오르기까지의 시간은 길게 느껴진다. 찰나에 둥실 떠오르는 그 순간에 벅참은 표현하기조차 힘들다. 우리 삶에 있어서 99프로 까지 가서도 이루지 못한 게 많다. 100이란 숫자가 넘어서야지 어떤 결과로 보답을 한다. 그 어떤 한계를 넘기가 힘들다. 누구나 마음의 등대를 하나쯤 가지고 살았으면 좋겠구나 싶다. 광활한 바다에서 길을 잃고 헤매 일 때 등대 불빛을 보고 희망을 얻을 수 있다.

우리도 살아가다가 힘들어서 헤맬 때 어딘가 기댈 수 있는 마음의 등대 하나쯤 가지고 있으면 삶의 원동력이 되지 않을까? 그게 물건이든 장소든 사람이든 그 어떤 것도 좋다. 나는 그때마다 힘이 되어준 넓은 바다와 파도를 한참 보고 있으면 세상 근심 걱정 다 잊어버린다.

로랑스드빌레르 작가님의 『모든 삶은 흐른다』에 보면 "바다는 우리에게 소극적인 태도와 좁은 시각에 안주하지 말라고 속삭이고, 저 멀리 있는 세상의 이야기를 몸소 들려주면서 어디든 좋으니 훌쩍 떠나 보라"고 말한다.

나는 일상에서 답답할 때 바다를 생각하게 된다. 한없이 넓은 바다가 내 마음을 다 알아주기라도 하듯이 속이 시원해질 때도 있다. 철썩이는 파도를 멍하니 바라만 보고 있어도 내 마음속에 혼란스러움을 평온하게 만들어준다. 다양한 감정이 밀려드는 것은 지극히 정상이다. 불안, 걱정, 혼란한 마음을 빨리 평온한 감정을 만들도록 노력해야 한다. 파도에 밀려온 하얀 거품을 보고 있으면 주방세제가 내 마음속 번뇌를 깨끗하게 씻어 주는 느낌이다.

바다는 그 어떤 것도 다 품어 안으려는 엄마의 가슴처럼 푸근하다. 비록 바닷가에 살지는 못해도 언제나 그리워하고 사랑하게 되는 내 삶의 등대는 바다다.

오늘은 찬란하게
빛날 거예요

5. 산책과 계단 오르기는 나의 엔돌핀

　　남편은 출근길에 고등학교 2학년 아들을 등교시킨다. 남편이 새벽에 출장을 가고 나면 내가 아이를 등교시킨다. 처음에는 잘 걸어 다니더니 요즘 덥다고 차 타고 가고 싶다고 한다. 아침부터 땀이 삐질삐질 나니 학교까지 걸어가면 힘이 들어서 수업 듣기 힘들다 한다. 아들의 학교는 언덕을 한참 올라가는 편이다.

　　새벽에 일어나 남편 출장 가는 길에 먹으라고 김밥을 두어줄 만들어주고 신문 조금 보다가 아들을 등교시키고 왔다. 짧은 아침 시간 한 일을 생각해보니 많은 종류의 일을 했다.

조금 힘들긴 해도 계단 오르기로 집에 왔다. 15층까지 두 번 오르고 1층에서 8층까지 그러니 총 38층이 된다. 막연하게 38층이라면 엄청 높게 생각이 든다. 차근 차근 한 계단 한 계단 오르면서 높은 층에서 하늘 보고 사진도 한 장 찰칵해본다. 사진 찍는 각도와 층수에 따라서 풍경도 다르고 느낌도 다르다.

1층에서 15층까지 한번 올라갈 땐 8층인 집 현관문을 크게 신경 쓰지 않는다. 그런데 두 번째 오를 땐 8층에서 우리 집 현관문을 보면서 갈등이 생긴다. '그냥 집에 들어갈까?', '물이라도 한잔 먹고

갈까?' 잠깐 생각하다가 얼른 9층으로 올라가기만 하면 또 15층까지 거뜬히 간다.

아는 분에게 계단 오르기 할 때 집 앞에서 갈등이 생긴다고 얘기했다. 그분은 갈등이 싫어서 옆 통로에 가서 계단 오르기를 한다고 했다. 그 방법도 참 좋은 방법이구나. 무슨 일을 하든지 방법을 조금씩만 바꿔도 상황은 달라짐을 느꼈다.

요즘 걷기만 했더니 발목에 근력이 없는지 살짝 시큰거린다. 계단 오르기는 마음만 먹으면 비가 오나 눈이 오나 사시사철 할 수 있어서 좋다. 산책과 계단 오르기를 겸해서 하면 훨씬 효과적이다. 때로는 재활용품을 규칙적으로 버리려고 한다. 그 시간을 활용해서 계단 오르기를 해도 효과적이다. 일부러 계단 오르기를 하러 나가기란 쉽지 않다. 뭘 하러 나가는 기회에 겸해야지 쉽게 하게 된다.

나는 산책하기도 지나칠 만큼 좋아한다. 매일 출근을 해야 하니 길게 하는 산책은 토요일이나 일요일에 2시간 정도 걷는다. 물 한 병 비타민 한 알 챙기고 현관문을 나서는 순간 신나는 발걸음이 된다. 때로는 작은 들꽃들도 예사로 넘기지 않고 몸을 낮추어 사진을 찍는다. 앙증스러운 꽃에 암술과 수술 다 갖추어져 있는 모습이 신기하다. 때로는 까치 한 마리가 살금살금 가는 것을 보면 동영상도 한번 찍어본다. 산책길에도 내 몸은 분주하다. 눈으로 보고 손으로 찍고 마음은 마냥 신나고 설렌다.

산책은 내 삶에 없어서는 안 될 루틴이다. 사계절 어느 때라도 예쁘지 않은 적이 없다. 이른 봄부터 겨울까지 다양한 모습과 풍경들이 마음 설레게 한다. 특히 겨울엔 하얀 눈이 내렸어도 열매들이 빨갛게 남아 시선을 멈추게 한다. 산수유 열매 마가목, 남천, 이팝나무 열매 등이 겨우내 새들의 훌륭한 먹잇감이다.

　아주 가끔은 밤 산책도 좋다. 바로 옆 아파트에 사는 동생과 동네를 한 바퀴 돌기도 하고 시간이 넉넉하면 1시간 정도 시내를 걷는다. 내가 사는 이곳 제천엔 자동차가 다니지 않는 거리가 있다. 차 없는 거리에 맑은 시냇물을 졸졸 흐르게 만들어서 물소리도 아름답게 들린다. 이름 모를 꽃들도 많이 심어 놓아서 시내라는 느낌이 들지 않는다. 요즘엔 흔하지 않은 노란 탱자나무도 눈길을 끌게 한다.

운전이 능숙하지도 않지만 걷기를 좋아하니 출퇴근 외엔 거의 걸어 다닌다. 걸어 다니는 습관을 들이면 건강에도 좋다. 은행 볼일 볼 때나 관공서 볼일 보러 갈 때도 항상 걸어 다닌다. 한의사 정의현 저자의 『마흔, 달라진 몸을 되돌릴 때』에 보면 "노화를 지연시키려면 소식, 운동, 체온조절을 꾸준히 해야 한다."고 한다. 그중에서도 걷기운동은 꾸준히 하기에도 좋고 관절에 무리가 가지 않고 정서적으로 좋다. 오래 할 수 있는 저강도 운동 중에서 꾸준히 걷는 것만큼 좋은 운동도 없다. 세로토닌과 우울감도 없앨 수 있다. 햇살 좋은 날 푸르름이 가득한 가로수길을 걷다 보면 어떤 근심도 다 날려버린다.

독서도 한꺼번에 한 권을 다 못 읽고 글도 한번에 한 꼭지를 완벽하게 쓸 수가 없다. 매일 조금씩 읽고 쓰고 그것이 일상이 되면 좋은 글을 쓸 수 있다. 산책도 계단 오르기도 틈날 때마다 하다 보면 하루에 50층도 그리 높지 않게 느껴질 것이다. 매일 밥을 먹듯이 운동도 밥 먹듯 해야 함을 새삼 느낀다. 내가 좋아하는 계단 오르기와 산책은 나의 앤돌핀이다. 가끔은 비 오는 날의 산책도 아주 많은 생각을 할수 있는 좋은 기회다.

명절이라 딸아이가 서울서 내려왔다. 이번에 연휴가 길어서 여유롭게 있다가 명절 가족 여행도 하고 추억을 많이 만들었다. 마지막 날 좀 일찍 갔어야 했는데 늑장을 부리다 보니 밤 8시30분차 밖에 없었다. 시간 맞추어서 터미널로 나가려는데 천둥과 번개가 치면서 비가 쏟아졌다. 택시를 탈까 하다가 얼마 되지 않는 거리라 걸어가기로 했다. 딸도 걷는 것도 좋아라 했다. 우산을 쓰도 비가 사선으로 줄기차게 내리니까 옷이 젖었다. 들고 가는 짐이 있어서 많이 불편할 텐데 엄마와 좀 더 있고 싶은 마음이 있었나 보다. 나 역시도 딸아이와 조금이라도 더 있고 싶은 마음이었다. 비가 세차게 와도 옷이 젖어도 산책은 역시 내 몸을 건강하게 돌봐주고 지켜주는 원동력이 된다.

6. 약방에 감초 같은 김밥

　내가 어릴 땐 김밥도 흔하게 만들어 먹지 못했던 시절이다. 야채는 흔하게 있어도 다른 재료는 그리 풍족하지 못했다. 지금의 햄 대신 어묵을 넣고 부추, 당근, 단무지, 오이, 달걀이 재료의 전부다. 그래도 직접 농사지어서 짠 참기름으로 요리조리 밥을 비벼서 김에 말면 고소함이 일품이다. 김밥은 약방의 감초처럼 소풍이나 수학여행 나들이에 빠지지 않은 메뉴다. 간단하면서도 야채를 골고루 먹을 수 있는 절호의 기회다. 특히 아이들 어릴 땐 각각의 야채는 잘 안 먹어도 김밥에 들어간 재료는 군말

없이 잘 먹는다. 김은 포옹력이 있다. 수많은 재료를 넣어도 꾹꾹 눌러주면 다 같이 감싸 안는다. 제각기 다른 맛들이 한데 어우러져 감칠맛 내는 묘한 매력이 있다. 요즘엔 소풍이나 수학여행을 가도 도시락을 잘 가져가지 않는다. 여행길에 식당이나 아니면 단체 도시락으로 점심을 대신하는 것 같다.

난 요즘도 가끔 김밥을 자주 만든다. 남편이 새벽에 출장을 나갈 때면 식사할 시간이 없다. 그래서 새벽 다섯 시쯤 일어나서 갖은 야채를 넣고 김밥을 말아서 작은 도시락에 담아주면 운전해서 가는 길에 아침을 먹는다. 준비하는 과정이 조금 번거롭긴 해도 먹기엔 더없이 간단하다.

요즘은 김밥도 다양하다. 참치 김밥, 누드 김밥, 삼각김밥, 땡초 김밥, 불고기 김밥, 멸치 김밥,

종류도 각양각색이다. 여기저기 김밥집도 많이 생겨서 웬만하면 사서 먹어도 맛있다. 식구가 별로 없으니 조금 만들려고 재료를 다 사기엔 번거롭기도 하고 타산이 맞지 않는다.

김밥에 대한 추억도 가끔 떠올려보면 새록새록 옛날이 그립기도 하다. 운동회 때 박통 터트리기가 끝나면 운동장 곳곳에서 돗자리를 깔고 친구들과 함께 먹었던 그 김밥이 그렇게도 맛있었다. 아이들 어릴 땐 휴일이면 무조건 김밥을 만들어서 과일과 간식거리를 챙겨서 어딘가로 떠났다. 집에만 있으면 답답해하니까 산으로 들로 바다로 동물원으로 무조건 떠나서 반나절이라도 놀다가 왔다. 이제 아이들이 크니 함께 나가는 걸 싫어하기도 하고 시간이 잘 맞지도 않는다. 남편과 마라톤 다닐 때 아침밥으로 두어줄 사서 가면서 먹기도 한다.

김밥을 떠올리면 생각나는 일이 있다. 아픈 동생이 뇌종양 수술을 하고 보름 동안 입원했었다. 퇴원하던 날 아산병원으로 데리러 가면서 뭘 사갈까 고민하다가 내려오면서 차 안에서 먹기엔 김밥이 좋겠다 싶어 김밥 도시락 2개를 사 갔다. 그동안 간병 하느라 애쓴 언니와 동생이 병원에서 나오더니 배가 고픈지 너무나 맛나게 먹던 모습이 지금도 눈에 선하다. 비록 동생은 다시는 돌아올 수 없는 영원한 외출을 했지만, 김밥 먹던 그 모습은 생생하게 떠오른다. 그날도 간단하면서 허기를 달랠 수 있는 게 뭐 있을까 한참을 고민했다. 문득 떠오른 김밥을 선택했다. 김밥은 만들긴 번거로워도 간편하면서도 한 끼 식사로는 충분하다.

　　김밥을 만들 때마다 난 얼마나 많은 포용력으로 세상을 살아가는지 한 번쯤 생각해보게 된다. 꽃은 때가 되면 시들지만 따뜻한 마음은 오래오래 간직하게 되는 것이다. 따뜻한 마음으로 누군가를 보듬어 안으면 속내를 털어놓기도 한다. 누군가에게 기쁨과 희망이 되는 비법은 먼저 손 내미는 일과 내게 다가왔을 때 포근한 눈빛을 보내는 일이다.

    슬픈 누군가를 만나면 위로해 주고 싶다. 배고파하는 어떤 이를 보면 내가 가진 것 모두 건네고 싶어진다. 이런 생각을 습관적으로 하는 걸 보면 난 전생에 뭐였을까? 라는 생각을 해보게 된다. 뭔가를 남에게 주고 싶은 이맘도 타고나야 하는데 난 분명 그건 타고났나 보다. 내 먹을 거 없어도 남에게 주고 싶은 이 마음을 어쩌랴. 이래서 사람들은 나보고 천사 같은 마음이라고 하나 보다. 오늘도 누군가에게 전해 줄 맛있는 김밥 몇 줄을 꾹꾹 눌러서 만들어 볼까 한다. 친한 친구와 함께 가까운 곳으로 짧은 소풍이라도 다녀오고 싶은 마음이다. 언제 어디서나 가장 간단하게 먹을 수 있는 약방에 감초 같은 김밥을 만들어서….

오늘은 찬란하게
빛날 거예요

7. 일출과 일몰의 맛집 나의 안식처

　　이른 새벽 눈을 뜨면 가장 먼저 가는 곳이 있다. 앞 베란다로 가서 창문을 열어젖힌다. 1분도 채 안 되는 거리에 공원이 있다. 그곳을 바라보면서 하루 생활을 시작한다. 아름드리 나무가 풍성하고 울창한 숲이다. 이리로 이사 온 지 18년이 된다. 바라만 봐도 힐링이 된다.

　　태양이 떠오르는 동녘 하늘을 보며 작은 기도를 한다. 오늘 하루 태양을 바라볼 수 있음에 감사하고 소중한 하루라는 선물에 감동한다. 8층이다 보니 일출도 장관이다. 매일 아침 일출 사진을 찍어본다. 해가 뜨면 뜨는 대로 흐리면 흐린 대로 그 모습이 예쁘다. 어느새 매일 사진 찍는 일이 나의 일상이 되었다. 이제는 사진 일기가 차곡차곡 쌓인다. 사진을 하루라도 찍지 않으면 뭔가 허전한 느낌이다.

햇살이 집안 깊숙이 파고든다. 베란다에 햇살 한 줌이 퍼지는가 싶으면 어느새 살포시 거실 벽까지 붉게 물든다. 이 집이 맘에 들었던 이유가 종일 거실과 주방에 햇살이 넘쳐나게 비추기 때문에 흡족했다. 옛날 어른들이 "집은 해가 잘 들어야지 좋다."고 했던 말이 생각난다. 해가 잘 들어서 화초들이 너무나 잘 자란다. 과일을 먹고 나면 씨앗들을 빈 화분에 심어본다. 잊은 듯 있다가 어느 날 초록

이 뾰족이 올라오면 아 그때 심어둔 레몬이구나. 아니면 아보카도구나 하고 느낀다.

어느 날은 체리를 먹고 씨를 심었더니 두 그루가 예쁘게 쏙 올라왔다. 3년은 키웠나 보다. 제법 커서 봄이면 새순이 올라오고 가을엔 몇 잎 안 되지만 단풍이 진다.

언젠가 의림지 산책을 하다가 소나무 가지치기를 하는 모습을 보았다. 솔방울이 싱싱하길래 주워와서 뜨거운 물에 담갔다가 꺼내 놓았다. 물밑에 가라앉은 솔 씨가 눈에 띄었다. 그것도 심었더니 제법 소나무 형태를 이루면서 커가고 있다. 역시 식물은 해가 한몫을 하는구나 싶다. 햇살에 윤이 나는 초록의 레몬 잎새가 싱그러움을 느끼게 한다.

내가 이 집을 사랑하는 이유가 한 가지 더 있다. 첫아이 출산하고 13년간 없었던 둘째가 이 집에 이사 와서 바로 생겼다. 12월 30일에 이사를 왔는데 1월에 늦둥이 아들을 임신했다. 면역질환으로 오랜 세월 약을 먹었기에 고민을 많이 했다. 먹는 약의 양이 많지 않아서 출산해도 된다는 의사 선생님의 말씀에 힘이 났다. 다행히도 마흔네 살에 튼튼한 아들을 출산했다. 그때 출산한 아들이 어느새 고2가 되었다. 이 집으로 와서 몸도 많이 좋아졌다. 잠시 멈췄던 운전도 다시 할 수 있고 일도 할 수 있는 계기가 되었다. 아마도 집안 구석 구석 햇살이 정기를 주기 때문이 아니었나 싶다.

운동을 할 수 있는 좋은 여건이 나를 더욱 건강하게 해 주었다. 이호선 교수님은 나이 들면 복지관 옆으로 이사 가야 한다고 말씀하셨다. 복지관이

나 노인회관이 가까워서 공동체가 있는 곳에 자주 나가고 어울려야 배울 것도 많고 건강하게 살 수 있다고 했다. 특히 치매가 걸리지 않으려면 끊임없이 배우는 일을 게을리 하지 말아야 한다고 강조하셨다. 우리 집에서 노인 복지회관은 3분 거리에 있다. 내가 이 집을 사랑하는 이유가 되는 것이다.

퇴근해서 집에 들어서면 주방 깊숙이 해가 들어와 있다. 주방 창으로 바라보이는 들판 풍경은 나에게 최고로 행복한 순간순간을 만들어준다. 차 한 잔을 마주할 때도 저 넓은 들판을 내 정원으로 생각하면서 차를 음미한다. 사계절 내내 아름다운 풍경이다. 아득히 멀리 보이는 용두산 정상과 세명대학교 꼭대기가 다 보인다. 이른 봄 초록의 들판과 삼한 초록길의 양옆에 하늘 높이 찌를 듯한 미루나무는 흔히 보지 못하는 풍경이다.

주방에서 오래도록 머무르고 싶다. 그래서 식탁에서 식사도 하고 차도 마시고 글도 쓴다. 식사 시간 말고는 나의 전용 책상이다. 저녁준비 하다 말고 서쪽 하늘을 보면 그야말로 불난 것 같이 붉게 물든 때가 한두 번이 아니다. 찌개를 끓이다 말고 찰칵, 전을 하다 말고 찰칵, 그러다 음식을 넘치게 하거나 태울 때도 있다. 그럴 때마다 아들은 "엄마 한 가지 일만 하세요. 두 가지 일을 동시에 하지 마세요."라고 한다.

이제 나이 먹나 보다 자꾸만 깜빡거리기도 한다. 그래도 마음은 늘 행복하다. 눈만 뜨면 마주하는 앞 베란다에서의 공원 풍경과 주방에서 보이는 저 푸른 들판이 나에게 한 아름의 행복을 가져다준다. 사랑하는 일출과 일몰의 맛집은 최고의 안식처이다.

다섯 번째 이야기

| 이제야
| 삶에 대해
| 알아가는 그녀

김

소

연

-

"이제는 '늦깎이 덕후'라는 말이 나에게 전혀 어색하지 않다. 내가 좋아하게 된 이 세계는 나의 일상에 활력을 더해주고 새로운 시선을 열어주었다. 애니메이션 덕분에 일본어를 배우고 새로운 친구들을 만나고 때로는 혼자만의 시간을 더욱 의미 있게 보내게 되었다. 이런 소소한 행복들이 모여 나의 삶을 더 풍요롭게 만들어준다는 것을 실감한다."

1. 무계획이 계획인 여행

 '여행'이라는 단어만으로도 마음 한구석이 설렘으로 가득 차오른다. 비행기 표를 예약하는 순간부터 심장이 두근거리기 시작한다. 아니, 표를 찾아보는 시간조차 설렘으로 가득하다. 내가 가게 될 그곳은 어떤 모습일까? 낯선 풍경과 사람들, 아직 만나지 못한 내가 기다리는 모험들. 여행이란 어린 시절 첫 소풍을 기다리던 그 기분과 닮아 있다. 매일 반복되는 일상에서 벗어나 전혀 다른 세상으로 떠난다는 상상만으로도 이미 가슴이 설렌다.

우리 가족의 여행은 조금 독특하다. 우리는 여행지에 가기 전부터 철저히 계획을 세우지 않는다. 어디로 가야 한다는 정해진 기준도 없고 꼭 봐야 할 명소도 없다. 관광지를 찾기보다는 우리의 마음이 이끄는 대로 발길을 돌린다. 그날의 기분과 상황에 따라 마음 가는 곳으로, 발 닿는 곳으로 향하는 것이 우리 가족 여행의 가장 큰 특징이다.

한 번은 이런 우리의 여행 방식을 듣고 한 친구가 물었다. "계획 없이 가면 불편하지 않아? 여행을 제대로 즐길 수 있을까?" 하지만 오히려 우리는 계획을 세우지 않아서 더 많은 것을 만난다고 답했다. 지도에 표시된 유명한 장소나 인터넷에서 찾아본 명소도 물론 좋다. 하지만 여행 중 우연히 발견한 골목길의 작은 카페나 현지인들만 아는 비밀스러운 장소는 그 어떤 관광지보다도 특별하게 다가

온다. 목적지보다 그 길 위에서 만난 모든 것들이 우리 가족에게 더 큰 설렘을 선사한다.

처음 일본에서 운전대를 잡았을 때의 일이다. 일본은 우리나라와는 반대로 좌측 통행을 한다는 것을 알고 있었다. 막상 운전대를 잡아보니 생각보다 훨씬 더 어려웠다. 도심의 교차로에서 신호를 기다리다가 우회전을 하려던 순간, 나는 무의식적으로 오른쪽으로 핸들을 꺾으려 했다. 그 순간 반대쪽에서 차가 다가오고 있었고 나는 잠깐 혼란스러움에 빠졌다. 다행히도 일본 운전자는 미소를 지으며 차를 멈춰 주었고, 나는 다시 방향을 바로잡을 수 있었다.

그날 온 가족이 그 작은 실수에 깜짝 놀라 한숨을 돌린 뒤 웃음을 터뜨렸다. 비록 작은 실수였지만 그 순간은 우리에게 좌측 통행에 대해 배우게 해준 소중한 경험이 되었다. 도로 위에서의 이런 소소한 해프닝들은 때로는 긴장을 풀어주고 때로는 우리 가족에게 추억이 되었다. 운전대를 잡으며 느꼈던 조심스러운 두근거림은 어느새 웃음과 배움으로 바뀌어 있었다.

운전대를 잡고 일본의 고속도로를 달리던 어느 날, 휴게소에서 잠시 쉬던 중 한 노부부를 만났다. 그들은 차가 고장 나 차량 서비스를 기다리고 있었고 예상보다 시간이 더 걸릴 것 같다며 우리에게 조심스럽게 도움을 요청했다. 차를 함께 타고 갈 수 있겠냐는 그들의 말에 우리는 흔쾌히 응했다. 그렇게 시작된 인연으로 우리는 노부부의 집에 초대받았다.

그날의 할머니는 참 따뜻한 사람이었다. 우리 아이들을 마치 손주처럼 귀여워하며 정성껏 차를 대접해 주었다. 다과를 나누며 들려주신 이야기는 평생을 살아오며 겪었던 일들, 우리가 알지 못하는 일본의 작은 역사 같은 것이었다. 우리가 그 순간 노부부를 도와드리지 않았더라면 이런 인연은 시작되지 않았을 것이다. 그렇게 우연히 시작된 만남은 지금까지 이어지고 있다. 8년이 지난 지금도 우리는 서로 안부를 묻고 때로는 편지를 주고받는다. 미리 계획된 여행이었다면 만나지 못했을, 무계획이 준 특별한 선물이었다.

어느 날은 같은 도시에서 가족이 각기 다른 여행을 떠나기로 했다. 엄마와 딸, 아빠와 아들이 각자 원하는 방식으로 하루를 보내보기로 한 것이다. 엄마와 딸은 골목길을 탐험하며 작은 가게와 카페를 발견했고 길을 걷다 만난 현지인과 짧은 대화도 나누었다. 딸은 하루의 모든 순간을 사진으로 남기며 나와 함께 웃음 가득한 시간을 보냈다. 딸이 찍은 사진 속에는 손때 묻은 작은 간판과 모퉁이에 자리한 아담한 카페, 낯선 풍경 속에서 빛나는 엄마와 딸의 웃음이 담겨 있었다.

한편, 아빠와 아들은 자연 속으로 떠났다. 고요한 숲길을 걷고 작은 산에 오르며 그동안 나누지 못했던 이야기들을 털어놓았다. 아빠와 아들이 정상에서 마주한 풍경은 우리가 걷는 길 위에 펼쳐지는 세상의 넓음을 보여주는 듯했다. 이렇게 각기 다른 길을 걸었지만 저녁 식탁에 둘러앉아 하루를 나누는 순간, 우리는 모두 같은 설렘과 기쁨을 느꼈다.

무계획 속에서 만난 순간들은 우리 가족을 더 끈끈하게 묶어 주었다. 길을 잃고 헤매다 발견한 풍경, 예상치 못한 인연, 계획 없이 떠났기에 더 소중하게 느껴진 따뜻한 일들. 여행이란 목적지에 도달하는 것이 아니라 그 과정에서 만난 모든 것들에 진정한 의미가 있는지도 모른다. 삶도 그렇지 않을까? 모든 것을 미리 계획하고 준비한다고 해서 원하는 결과를 얻는 것은 아니다.

가끔은 마음이 이끄는 대로 걸으며 길 위에서 만나는 우연들을 즐기는 용기가 필요하다. 발길 닿는 대로 움직였기에 더 특별했던 기억들처럼, 우리 삶도 그렇게 흘러가며 스스로의 의미를 찾아가는 건 아닐까?

무계획 속에서 얻은 소중한 기억들은 여전히 우리 마음 한편에 자리하고 있다. 돌아온 일상 속에서도 그때의 따뜻함을 떠올릴 때마다 우리는 다시금 자유로운 길 위의 순간들을 꿈꾼다. 아마 다음 여행에서도 우리는 또다시 계획 없이 떠날 것이다. 그곳에서 기다리고 있을 새로운 우연과 길 위에서 만날 또 다른 나를 기대하며.

오늘은 찬란하게
빛날 거예요

2. 가족이 함께하는 슬기로운 덕후 생활

　　내가 일본을 처음 여행한 건 이십여 년 전이다. 그 당시에는 그저 새로운 풍경과 문화를 경험하고 싶어 떠난 여행이었다. 가까운 듯 멀게 느껴지는 일본의 문화를 경험해보려는 단순한 마음뿐이었다. 그때는 그 여행이 나에게 얼마나 큰 변화를 가져올 줄은 미처 알지 못했다. 일본은 내게 미지의 세계처럼 느껴졌다. 아름다운 사계절의 풍경, 깔끔하고 질서 정연한 도시, 그리고 그 안에서 살아가는 사람들의 모습은 모든 것이 새롭고 흥미로웠다. 거리 곳곳에 넘쳐나는 낯선 언어와 글자, 전통적인 건

축물들은 나를 매료시키기에 충분했다. 그 여행은 단순한 관광으로 끝난 것이 아니라 내 안에 일본에 대한 깊은 관심을 싹틔우는 계기가 되었다.

일본의 자연경관과 도심 속 정원, 그리고 길거리에서 만난 친절한 사람들 모두가 인상 깊었다. 그들의 섬세하고 정교한 생활 방식에 끌리며 일본에 대한 호기심이 점점 커졌다. 처음에는 단순히 여행지로서 일본을 즐겼지만 점점 더 깊이 알고 싶다는 마음이 생겼다. 사람들과의 대화를 나누고, 그들의 일상을 이해하고 싶어 늦게 일본어를 배우기 시작했다. 그렇게 일본어 공부를 시작하며 일본 문화에 대한 흥미가 더욱 커졌다.

그러던 어느 날, 학생들과 애니메이션 이야기를 나누던 중 배구 애니메이션인 〈하이큐〉와 추리 애니메이션 <명탐정 코난>을 추천받았다. <하이큐>는 나를 단숨에 그 세계로 끌어들였다. 고등학교 배구부의 이야기라고 해서 흔한 스포츠물일 것이라 생각했지만 그 이상의 감동과 열정을 느낄 수 있었다. 작은 키와 강렬한 에너지를 지닌 주인공의 이야기는 보는 내내 가슴을 뜨겁게 했다. 승리와 패배를 넘어 함께 성장하고 팀워크의 중요성을 깨달아가는 모습은 진정한 의미의 '성장'이 무엇인지 알게 해주었다.

<명탐정 코난>도 마찬가지였다. 단순한 추리물로 생각했던 이 작품은 예상보다 복잡한 이야기와 매력적인 캐릭터로 나를 사로잡았다. 애니메이션은 단순히 만화영화 이상의 세계를 보여주었다. 섬세한 감정 표현, 깊이 있는 스토리, 그리고 상상력 넘치는 세계관은 새로운 차원의 문을 여는 듯

한 경험이었다. 애니메이션을 보며 웃기도 하고 때로는 눈물을 흘리기도 하면서 나는 점점 이 세계에 빠져들었다.

시간이 지나면서 애니메이션을 단순히 감상하는 것을 넘어 그 안에 담긴 문화와 메시지에 대한 관심이 커졌다. 애니메이션 속 배경으로 등장하는 일본의 도시나 자연 풍경을 실제로 보고 싶다는 마음에 더 자주 일본을 찾게 되었다. 애니메이션에서만 보던 장소에 서 있을 때의 감동은 이루 말할 수 없었다. 그렇게 애니메이션을 좋아하다 보니 자연스럽게 피규어에도 관심이 생겼다. 처음에는 좋아하는 캐릭터 하나쯤 장식하고 싶다는 마음에서 시작했지만, 시간이 지날수록 다양한 캐릭터와 장면들을 모으게 되었다.

늦게 시작한 일본 애니메이션과 피규어 수집은 나에게 단순한 취미 이상의 의미를 안겨주었다. 일본 문화를 더 깊이 이해하고 언어를 배우며 새로운 세계를 경험하는 계기가 되었다. 무엇보다도 이 취미를 통해 가족 모두가 하나가 되고 서로의 취향을 존중하며 즐거움을 나눌 수 있게 된 점이 가장 큰 변화였다. "늦게 배운 도둑질이 무섭다."라는 속담처럼 느지막하게 시작한 취미가 오히려 내 삶의 중심에 깊이 자리 잡았다. 작은 캐릭터 하나하나가 내 일상에 소소한 행복을 더해주었고 피규어는 단순한 장식품이 아닌 소중한 추억과 감정의 조각들이 되었다.

내가 사랑하는 것들 중 하나로 자리 잡은 일본 애니메이션과 피규어 수집은 나와 가족에게도 많은 선물을 안겨주었다. 흥미롭게도 내 모습을 본 아이들도 일본어에 관심을 갖기 시작했다. 나와 함께 일본어를 배우고 애니메이션을 보며 서로 좋아하는 캐릭터에 대해 이야기하는 시간이 점점 많아졌다. 일본에 갈 때마다 온 가족이 중고 매장을 돌며 피규어를 찾는 것은 우리 가족만의 중요한 이벤트이자 모험이 되었다. 그렇게 찾은 피규어들은 우리 가족에게 소중한 추억의 일부가 되었다. 그리고 그 피규어를 바라보며 웃음 짓는 시간은 따뜻함으로 가득 찼다.

거실 한쪽에는 우리가 모은 다양한 피규어들이 자리를 잡고 있다. 그 피규어들을 볼 때마다 우리 가족이 함께 보낸 시간이 떠오른다. 그리고 그 시간들이 얼마나 소중했는지 새삼 깨닫게 된다. 피규어는 단순한 장식품이 아니다. 그것들은 우리가 함께 나눈 이야기와 웃음, 그리고 애정이 담긴 작은 조각들이다. 일본 애니메이션은 단순한 취미를 넘어 우리 가족의 연결고리가 되었다. 오늘도 우리는 그 속에서 새로운 추억을 쌓아가고 있다.

이제는 '늦깎이 덕후'라는 말이 나에게 전혀 어색하지 않다. 내가 좋아하게 된 이 세계는 나의 일상에 활력을 더해주고 새로운 시선을 열어주었다. 애니메이션 덕분에 일본어를 배우고 새로운 친구들을 만나고 때로는 혼자만의 시간을 더욱 의미 있게 보내게 되었다. 이런 소소한 행복들이 모여 나의 삶을 더 풍요롭게 만들어준다는 것을 실감한다. 그래서 오늘도 나는 거실의 작은 피규어를 바라보며 다음 여행지를 떠올린다. 일본의 또 다른 매력적인 도시와 그곳에서 만날 새로운 이야기들이 벌써부터 기다려진다.

3. 우연히 시작한 일본어, 꼬리에 꼬리를 물다

    나는 원래부터 여행을 좋아하는 사람이었다. 계획 없이 떠나는 여행을 즐기며 새로운 장소에서 느끼는 설렘과 자유를 사랑했다. 특히 일본은 나에게 매력적인 목적지였다. 가까운 거리 덕분에 부담 없이 방문할 수 있었고, 그저 일본의 거리와 문화, 그리고 사람들의 일상 속에서 소소한 즐거움을 찾으며 여행을 즐기곤 했다. 일본의 전통적인 길거리 음식, 조용한 신사, 그리고 길거리에 서서 내 눈을 바라보며 미소를 짓던 한 노부부와의 짧은 인사까지 모든 것이 나에게는 신선하고 특별한 경험이었다. 그러다 언젠가부터 나는 우연히 일본 애니메이션에 깊이 빠지게 되었다. 애니메이션을 통해 일본의 문화와 언어에 대한 호기심이 생겼고 특히 마음에 든 작품을 원서로 읽어보고 싶다는 작은 바람이 생겼다. 그것이 나의 일본어 공부의 시작이었다.

처음 일본어를 공부할 때 히라가나조차 낯설었다. 손가락 하나하나로 연습장에 히라가나를 써넣으며 매일 조금씩 익숙해지기를 바랐다. 워킹맘으로서 바쁜 일상 속에서 시간을 쪼개어 단어를 외우고 문법을 익히는 과정은 쉽지 않았다. 가끔은 '내가 이걸 왜 하고 있지?'라는 생각이 들기도 했지만 이상하게도 멈출 수가 없었다. 책 속의 문장이 하나씩 해석되기 시작할 때, 애니메이션 속 대사들이 들리기 시작하니 신기했다.

무엇보다 일본 여행 중 사람들과의 대화가 조금씩이지만 이어져 갈 때 나는 작은 성취감에 푹 빠져들었다. 가족들도 내가 일본어 공부에 몰두하는 모습을 신기하게 보며 응원해 주었다. 일본 애니메이션에 대한 흥미가 일본어 공부의 동력이 되기 시작했다. 나는 일본어를 배우는 것이 단순히 언어를 배우는 것이 아니라 내가 좋아하는 일본 문화를 더 깊이 이해할 수 있는 문을 여는 것이라는 생각이 들었다. 그래서 시간과 노력을 들여 일본어 공부를 계속하게 되었다.

그러던 중 일본어 공부가 내 삶에 또 다른 기회를 열어주었다. 나는 아이들의 학교에서 학부모 동아리 중 하나로 사물놀이 동아리에 참여하고 있었다. 사물놀이에 문외한인 나는 처음에는 그저 사물놀이에 대한 동경으로 동아리에 합류했다. 사물놀이 동아리에 처음 들어갔을 때, 나는 관객으로서 즐기기만 했던 한국의 전통 음악을 직접 연주해볼 수 있다는 것에 설레었다. '덩덩쿵덕쿵' 하는 소리에 맞춰 장구를 치는 연습을 하며 땀을 흘리기도 했다. 점점 장단에 맞춰가는 내 손놀림에 작은 자부심도 생겼다.

아이들 학교에서 1년에 한 번 하는 학부모 축제에 참가해 처음으로 사람들 앞에서 공연을 했다. 떨리는 손을 주체할 수 없었지만 관객들의 박수 소리에 마음이 뭉클해지는 경험도 했다. 그 경험은 나에게 큰 힘이 되었고 문득 일본의 마츠리에서 사물놀이를 공연해보고 싶다는 생각이 떠올랐다. 사실 일본어를 배운 지 1년 반 정도밖에 되지 않은 내가 그런 도전을 하겠다고 마음먹은 것은 무모한 일이었다.

나는 '외국어를 배울 때 가장 중요한 것은 두려워 하지 않는 용기'라 생각한다. 그래서 일본을 갈 때마다 마을 사무소를 기웃거리며 마츠리에 대한 정보를 얻어보고자 용기 내어 사무소 문을 두드린 경험이 한두 번이 아니었다. 그리고 인터넷으로도 소도시의 사무소나 센터를 조사해서 능숙하지 않은 일본어지만 마츠리에 참가하고 싶은 나의 의지를 최대한 표현해보려 애썼다. 무모하고 어찌 보면 허황된 꿈이겠거니 하겠지만 그 도전은 나에게 큰 의미가 있었다.

일본어를 화상으로 배우고 있던 나는 일본어 선생님(한국분과 결혼해 한국에 정착한 일본인선생님)과 공부를 하면서 마츠리에 참여해보고 싶은 소망을 늘 이야깃거리의 소재로 삼은 적이 많다.

선생님과의 대화는 나의 일본어 실력을 자연스럽게 향상시킨 것은 물론 그 과정에서 용기까지 얻었다. 일본을 여행하며 소도시의 동사무소나 센터를 방문해 마츠리 정보를 얻으려고 노력하는 그 과정 모두 즐거운 도전이었다. 나의 이러한 도전이 진심이라는 것을 선생님은 감사하게 알아차려 주신 것 같다. 일본에 계시는 선생님 어머님과의 대화에서 나의 이런 마음이 알려졌고 선생님의 어머님께서는 나를 위해 중요한 정보를 얻어주셨다. 덕분에 나는 사물놀이 동아리 팀을 이끌고 일본 후쿠오카현 무나카타시 농업 마츠리에 참가할 수 있게 되었다.

마츠리에서의 경험은 나에게 잊을 수 없는 순간이었다. 무대 뒤에서 들려오는 일본 전통 음악의 북소리, 무대 앞에서 기다리고 있는 관객들의 모습, 그 모든 것이 나에게는 꿈만 같았다. 무대에 올라

첫 박자를 맞추었을 때, 내 손끝에 전해지는 떨림을 느끼며 나는 그 순간이 얼마나 소중한지 깨달았다. 관객들의 환호성과 박수 소리가 나를 감싸 안았고 나는 그들과 하나가 되는 기분이었다. 무대에서 인터뷰를 하고 내려오는 순간까지 매 순간이 나에게는 작은 기적이었다. 그 후 인연은 여기서 끝나지 않았다.

선생님의 어머님을 통해 알게 된 한 분께서 나에게 또 다른 제안을 하셨다. 무나카타시에서 열리는 남녀 공동 참가 세미나(男女共同⊠加セミナ)에서 한국과 일본의 문화 차이에 대해 작은 강의를 해보지 않겠냐는 것이었다. 나는 무나카타시에서 열리는 남녀 공동 참가 세미나에서 한국과 일본의 문화 차이에 대해 강의하는 기회를 얻게 되었다. 준비하는 과정은 힘들었지만, 그만큼 보람도 컸다.

작년 2월, 드디어 나는 무나카타시 토고 현 센터의 세미나 강단에 서게 되었다. 비록 내 일본어는 완벽하지 않았다. 그러나 열정을 담아 준비한 내 강의에 50여분이 신청을 하셨고 그 센터에서 가장 큰 강의실에서 세미나를 진행 할 수 있는 기회를 얻었다. 나의 진심이 세미나를 신청한 그분들께도 전해진 것일까. 강의가 끝난 후 받은 긍정적인 피드백은 나에게 큰 힘이 되었다. 강단에 서서 50여 명의 청중을 마주했을 때, 늘 학생들 앞에서 강의하는 것이 업인 나지만 외국에서 현지인분들 앞에 서니 터질 것 같은 긴장감은 어쩔 수가 없었다. 강의 도중 몇 번의 실수를 했지만 청중들의 따뜻한 눈빛과 미소는 나를 계속해서 나아가게 했다.

"너무 흥미로운 주제였어요."
"SNS주소 알려주세요. 우리 친구해요."

"한국에 대해 더 많은 것들을 알게 되었어요."
"너무 재미있는 시간이었어요."

강의가 끝난 후 청중들이 건넨 격려와 응원의 말은 나에게 큰 힘이 되었다. 그 순간 나는 내가 이 자리에 서기까지의 모든 과정이 헛되지 않았음을 느꼈다. 작은 바람으로 시작된 일본어 공부가 나를 이렇게 놀라운 곳으로 데려다줄 줄은 상상도 못했다.

이제는 작은 바람이 점점 더 큰 목표로 성장하고 있다. 일본어를 통해 내가 열어갈 수 있는 또 다른 기회들이 무엇일지 기대가 된다. 우연히 시작된 일본어 공부가 내 삶을 얼마나 풍요롭게 만들었는지 그리고 앞으로 어떤 이벤트들이 나를 기다리고 있을지 생각하면 가슴이 두근거린다. 일본어는 나에게 단순한 언어 그 이상이 되었다. 그것은 내가 사랑하는 일본 문화를 더욱 깊이 이해하고 더 나아가 내 삶의 방향을 정립하게 해준 중요한 도구가 되지 않았나 싶다. 결국 내가 사랑한 것들이 나에게 더 많은 사랑을 돌려주었다.

일본어 공부를 통해 얻은 소중한 경험들과 그로 인해 만들어진 새로운 꿈들이 나를 꾸준히 나아가게 만들었다. 나는 이 여정을 통해 단순한 언어 공부가 아니라 나 자신을 더욱 사랑하고 내가 원하는 삶을 만들어가는 방법을 배웠다. 앞으로도 일본어를 통해 만나게 될 새로운 도전과 기회를 기대하며 오늘도 나는 그 길을 계속 걸어가려 한다.

4. 배움이 선물한 작은 기적들

언제부턴가, 무언가를 배우고 싶다는 생각이 머릿속에 자리 잡기 시작했다. 어렸을 때는 주변 사람들의 기대와 조언에 맞춰 살았다. 그러나 결혼을 하고 나서는 내 마음이 이끄는 것들을 찾고 싶다는 열망이 점점 커졌다.

그러던 어느 날, 저녁 시간에 우연히 보게 된 다큐멘터리가 나의 이런 마음을 더욱 자극했다. 다양한 사람들이 손끝으로 무언가를 만들어가는 모습을 보며 나도 새로운 것을 배우고 싶은 마음이 커져

갔다. 그렇게 자연스럽게 배움의 즐거움에 빠져들게 되었다.

첫 아이를 낳고 처음 몇 달간은 모든 것이 혼란스러웠다. 육아의 무게와 산후우울증으로 인해 하루하루가 힘겨웠다. 그러던 중 친구가 뜨개질을 권유했다. "아무 생각 없이 손을 움직여보는 것도 도움이 될 거야".라는 말을 반신반의하며 받아들였지만, 결국 한 번 시도해보기로 했다. 조용한 밤, 아이가 잠든 후 실과 바늘을 들고 첫 코를 만들던 순간이 아직도 생생하다. 손끝으로 실을 엮어가며 마음이 점차 차분해지는 것을 느꼈다. 시간이 지나 작은 스카프를 완성하면서 나는 조금씩 평온을 되찾기 시작했다. 첫 스카프를 완성했을 때, 그 따뜻한 감촉과 함께 느껴진 성취감은 마치 내 안의 혼란스러운 마음을 하나씩 풀어내는 듯했다.

그 후로 뜨개질은 단순한 취미를 넘어 내 마음을 치유하고 일상을 특별하게 만들어 주는 중요한 활동이 되었다. 아이들이 자라면서 마음이 안정되었지만, 뜨개질을 놓지 않았다. 그러던 어느 날, 뜨개질 모임에서 보육원에 기부할 소품을 만들자는 이야기가 나왔다. 그 제안에 나는 깊이 공감했다. 내가 만든 작은 작품들이 누군가에게 따뜻함을 전할 수 있다는 생각이 내게 또 다른 기쁨을 안겨주었다. 그 후로 아이들을 위한 목도리, 모자, 장갑을 만들며 그들이 이 선물을 받고 기뻐할 모습을 상상하곤 했다.

작년 겨울, 보육원에 보내진 내 손으로 만든 따뜻한 담요들이 아이들에게 작은 위로와 행복을 전했다는 소식을 들었을 때, 뜨개질을 통해 내가 받은 치유와 평온이 다른 이들에게도 전해졌다는 사실에 깊은 감동을 받았다.

    이 경험은 나에게 배움의 또 다른 기쁨을 안겨주었다. 오랜 친구의 생일을 맞아 내가 직접 만든 뜨개질 작품을 선물하기로 결심했다. 그동안 쌓아온 뜨개질을 최대한 활용해 따뜻한 목도리를 만들었다. 친구의 성격과 취향을 생각하며 색상과 패턴을 고르는 과정도 매우 즐거웠다. 손수 만든 선물을 건넸을 때 느꼈던 뿌듯함은 이루 말할 수 없었다. 친구는 감동하며 "이렇게 정성 가득한 선물은 처음이야."라고 말하며 눈시울을 붉혔다. 그 순간, 내가 배운 것이 단순히 나를 위한 것이 아니라 소중한 사람들과의 관계를 더 깊고 따뜻하게 만들어줄 수 있음을 깨달았다.

또 다른 배움은 요리에서 시작되었다. 뜨개질이 내게 평온을 주었다면 요리는 가족과의 사랑을 더욱 깊게 만드는 기회를 제공해주었다. 평소에는 간단한 요리만 하던 나였지만 아이들이 커가면서 그들을 위해 특별한 요리를 해주고 싶다는 마음이 들었다. 처음에는 단순한 레시피를 따라 하다가도 자주 실패하곤 했다.

그러나 점차 연습과 시도를 거듭하며 다양한 요리를 완성하게 되었다. 특히, 한 번은 아이들의 생일을 맞아 처음으로 케이크를 직접 구워보기로 결심했다. 재료를 준비하고 반죽을 만드는 동안 여러 번 실수를 했다. 오븐에서 케이크가 부풀어 오르는 모습을 보며 마치 내 노력도 함께 결실을 맺는 듯한 기분이 들었다. 케이크를 완성한 후 아이들이 그것을 보고 기뻐하며 환하게 웃는 모습을 보았을 때 요리가 단순히 식탁을 채우는 것 이상의 의미를 지니고 있음을 깨달았다. 요리는 가족과의 사랑을 더욱 깊게 만들어주는 도구가 되었다. 그리고 내가 배운 것이 그들의 행복으로 이어진다는 점에서 더없이 큰 보람을 느꼈다.

이 배움의 과정은 단지 새로운 기술을 익히는 것을 넘어서 나 자신을 발견하고 표현하는 방식이 되었다. '언젠가 고향인 제주도에서 복합문화공간을 만들어 재능 기부하며 살아야지.' 하는 꿈을 남편과 함께 갖고 있었다. 그래서 제과 부분에서도 한 가지 정도 배울 수 있다면 좋겠다는 생각이 들었다. 그렇게 나는 일본 제과전문학교를 알아보고 있는 중이다. 서툴지만 아이들의 예쁜 미소를 생각하며 시도했던 경험이 이렇게 생각과 작은 실천으로 옮겨진다는 것이 신기하기만 하다.

손글씨에 대한 배움도 내게 또 다른 기쁨을 가져다주었다. 어느 날, 오래된 일기장을 발견했다. 오래전에 친구들과 공유했던 일기장에 빼곡이 적힌 글들을 보았다. 일기장을 보니 옛 추억이 새록새록 떠올랐다. 그러면서 컴퓨터와 스마트폰에 익숙해지면서 잊혀져가던 손글씨를 다시 배우고 싶어졌다.

워킹맘이라 시간이 많지는 않았지만, 서점에서 관련 책을 사서 혼자 독학하기로 했다. 글씨 모양이 어설프고 손도 금방 피곤해졌지만, 조금씩 연습할수록 글씨가 점점 예뻐지는 것을 느꼈다. 글씨를 쓰는 과정에서 나는 마음의 평온을 찾을 수 있었다. 한 글자 한 글자에 집중하다 보면 모든 걱정이 사라지고 오롯이 나 자신에게 몰입하게 되었다. 손글씨를 연습하면서 나만의 작은 카드를 만들어 친구들에게 선물하기도 했다. 정성스레 쓴 손글씨로 편지를 보내니, 친구들은 그 글씨가 주는 따뜻함에 감동했다. 손글씨라는 배움이 단순히 예쁜 글씨를 쓰는 기술을 넘어 나와 친구들 간의 관계를 더욱 깊고 따뜻하게 만들어주는 계기가 되었다.

이처럼 다양한 배움의 과정에서 가장 소중했던 경험 중 하나는 일본어 공부였다. 일본어를 배우면서 나는 언어 이상의 것을 얻었다. 소중한 사람들과의 만남, 그리고 새로운 문화를 이해하는 기회를 통해 배움의 가치를 더 깊이 깨달았다. 언어를 배우는 과정에서 여러 나라 친구들과 교류할 기회가 생겼고, 대화 속에서 자연스럽게 언어 실력도 향상되었다. 이러한 만남들은 단순한 언어 학습을 넘어 문화와 생각을 공유하는 소중한 시간이 되었다.

특히 일본어 선생님과의 인연은 내게 큰 영향을 주었다. 수업을 통해 두 나라의 문화를 이해하고 교류하는 즐거움을 알게 되었으며, 배움이 사람과 사람을 이어주는 다리가 될 수 있음을 깨달았다. 언어라는 것이 단순히 소통의 도구가 아니라 마음을 연결하고 새로운 세상을 열어주는 열쇠임을 알게 된 순간이었다. 이러한 경험들은 일본어 공부가 단순한 언어 습득 이상의 가치를 지닌다는 것을 보여주었다.

이렇듯 배움의 여정에서 겪었던 도전과 성취는 내 삶을 더 깊고 풍요롭게 만들어 주었다. 뜨개질로 시작된 작은 기쁨이 사람들과의 관계에 따스함을 전해주었다. 요리와 손글씨 배움은 일본어의 배움과 함께 또 다른 꿈을 갖게 해 주었다. 배움은 단순히 새로운 기술을 익히는 것이 아니라, 나의 삶에 깊이를 더하고 다른 사람들과의 관계를 더욱 따뜻하게 만들어주는 경험이었다. 무엇을 배우든 그 과정에서 얻는 작은 성취감이 나를 행복하게 하고, 내 일상을 특별하게 만든다.

배움은 내 삶을 새롭고 예기치 못한 방식으로 변화시킨다. 무언가를 배울 때마다 느끼는 기쁨은 내 마음을 넓히고 일상을 특별한 경험으로 채워준다. 배움이란 단순히 지식을 쌓는 것이 아니라 나 자신을 깊이 이해하고 세상과 더 강하게 연결되는 과정이다. 그래서 나는 앞으로도 다양한 배움을 통해 작은 꿈들을 키워나가고 싶다. 그 꿈들이 나를 어디로 이끌지는 모르지만, 그 여정 자체가 즐겁고 소중하기에 매일 새로운 도전을 시작한다. 우연히 시작된 이 배움들이 내 삶에 어떤 기적을 가져올지 기대하지 않을 수 없다.

뜨개질로 손끝에서 느꼈던 차분한 평온함, 일본어를 통해 얻은 문화적 연결, 요리와 손글씨로 전한 따뜻한 마음들, 이 모든 경험들이 나를 더 깊고 의미 있게 만들어 주었다.

이제 나는 확신한다. 무언가를 진정으로 사랑하는 것은 그저 마음에 품는 감정이 아니라, 그 사랑을 행동으로 실천해 나의 삶을 더 아름답게 조형하는 일이다. 그래서 나는 매일 사랑하는 것들을 배우며 조금씩 더 나은 나를 만들어간다. 이 과정 속에서 진정한 행복과 만족을 느낄 수 있다. 내가 소중히 여기는 것들이 내 삶에 얼마나 큰 기쁨을 주는지, 그 가치를 온전히 느끼며 말이다.

오늘은 찬란하게
빛날 거예요

5. 사춘기 아이들과 갱년기 부부의 일상 드라마

삶을 걸어오며 나를 가장 빛나게 해준 존재는 언제나 내 곁에 있는 가족이었다. 29년이라는 세월은 어느덧 나와 남편 그리고 우리 아이들을 한 권의 두꺼운 책처럼 깊고도 단단하게 엮어 놓았다. 처음에는 사랑의 설렘으로 시작했던 이야기였지만 그 안에는 기쁨과 슬픔, 갈등과 화해, 그리고 작은 일상 속에서 피어나는 수많은 감정이 빼곡이 채워져 있다. 우리 가족은 마치 사계절을 함께 겪어내는 나무처럼 때로는 눈보라를 견디고 때로는 따스한 햇살 아래서 서로를 지탱해주며 뿌리를 더욱 깊게 내렸다.

처음 신랑과 연애를 시작했을 때 우리가 이렇게 오랜 시간을 함께할 거라고 상상이나 했을까? 10년의 연애와 19년의 결혼 생활을 지나면서 우리는 서로의 삶에 깊숙이 스며들었다. 그 과정에서 '가족'이라는 든든한 울타리가 우리를 더욱 단단하게 묶어주었다. 우리는 울고 웃으며 아이들의 성장과 더불어 우리 자신도 조금씩 성숙해졌다.

돌아보면 그 긴 시간 속에서 쌓아온 추억들은 마치 보석함 속의 진주처럼 내 마음속 깊이 간직되어 있다. 연애 시절의 풋풋한 설렘, 결혼 초기에 겪었던 작은 갈등들, 그리고 아이들이 태어나면서 우리 삶에 들어온 새로운 빛과 기쁨들 모든 순간이 모여 지금의 우리를 만들어 주었다.

우리 가족이 나눈 사랑은 때로는 고요한 호수처럼 잔잔했지만 때로는 거친 파도처럼 흔들리기도 했다. 그러나 그런 모든 순간들이 우리를 더욱 단단하게 그리고 깊이 있게 연결해 주었다

첫 아이가 태어났을 때, 우리는 부모로서의 첫 발걸음을 내디뎠다. 딸의 탄생은 우리에게 부모라는 새로운 역할을 안겨주었고, 그로 인해 우리의 삶은 한층 더 풍성해졌다. 하지만 첫 아이를 키우는 일은 결코 쉽지 않았다. 딸의 울음소리는 한겨울의 차가운 바람처럼 우리를 흔들어 놓았다. 밤잠을 설쳐가며 육아의 현실에 부딪힐 때마다 나는 지쳐가곤 했다. 그럴 때마다 남편은 곁에서 "우리가 함께

이겨낼 수 있어."라고 속삭였다. 그 말 한마디가 내 얼어붙은 마음에 따스한 햇살처럼 스며들었고 다시 힘을 낼 수 있었다. 우리는 마치 봄날의 새싹을 소중히 돌보듯 딸을 돌보며 부모로서의 첫 발걸음을 내디뎠다.

    시간이 흘러 둘째인 아들이 태어났고 우리는 네 식구가 되었다. 두 아이를 키우는 일은 예상보다 더 힘들었지만, 그만큼 더 큰 기쁨도 함께 찾아왔다. 날마다 새로우면서도 도전의 연속이었다. 그렇지만 우리는 함께 모험을 떠나는 탐험가들처럼 그 여정을 즐겼다. 힘겨운 순간에도 서로를 지탱하며 우리만의 방식으로 부모로서 성장해 나갔다. 그렇게 함께하는 시간 속에서 남편과 나의 유대감은 점점 더 깊어졌고, 우리의 관계는 더욱 견고해졌다.

사춘기 아들과 고3 딸의 스트레스가 겹친 요즘, 우리 집은 마치 한 편의 드라마처럼 매일 다채롭다. 고3인 딸은 겉으로는 무심한 듯 행동하지만, 속으로는 누구보다 가족을 배려하는 따뜻한 아이다. 딸은 "엄마, 오늘 피곤해 보여요. 좀 쉬세요."라는 무심한 한 마디로도 내 마음을 따뜻하게 해준다. 그런 딸은 가끔 츤데레 같은 모습을 보인다.

예를 들어, 시험 기간에 스트레스로 예민해지면 말없이 방에 들어가거나 가족에게 투정을 부리기도 한다. 하지만 얼마 지나지 않아 "미안해."라며 두 팔을 벌려 안아주는 딸을 보면, 가끔 내가 딸이고 딸이 엄마 같다는 생각이 든다. 딸은 우리 가족의 중심을 든든하게 잡아주는 존재이다.

사춘기인 아들은 여전히 애교가 넘치지만, 가끔 방에 들어가 문을 닫고 나오지 않을 때면 그의 사춘기가 본격적으로 시작된 것 같다는 생각이 든다. 하지만 곧이어 "엄마, 오늘 뭐 해줄 거야?"라며 다시 애교를 부릴 때면 내 마음도 꽃잎처럼 흔들린다. 그는 우리 집에 늘 밝은 햇살을 가져오는 존재다.

거기에 남편과 나는 갱년기의 터널을 함께 지나고 있다. 때로는 이유 없이 감정이 북받쳐 사소한 일로 다투기도 한다. 예전에는 서로의 감정을 읽는 것이 자연스러웠지만 요즘 들어 감정의 기복이 심해지면서 종종 서로에게 예민해질 때가 많아졌다. 남편이 뜬금없이 짜증을 낼 때면 나는 더 격하게 반응하며 싸우게 되었다. 사소한 일에도 마음이 요동치는 시기가 우리에게 찾아온 것이다.

한 번은 저녁을 먹고 난 후, 남편이 말없이 설거지하고 있었는데 갑자기 "오늘따라 왜 이렇게 피곤하지?"라며 설거지 중간에 그만두고 소파에 주저앉은 적이 있었다. 평소 같았으면 "내가 마저 할게."라고 말했겠지만, 그 날은 이상하게도 짜증이 치밀어 올랐다. "그럼 처음부터 안 하든가!"라는 말이 저절로 튀어나왔다.

순간 남편도 화가 나서 "내가 일부러 안 하려고 한 거 아니잖아!"라며 대꾸했다. 우리는 그 작은 일로 한참을 티격태격 다투었고 그 뒤로 말없이 각자의 방으로 들어갔다. 시간이 좀 흐르니 문득 너무도 사소한 일로 마음의 거리를 두고 있는 우리를 바라보게 되었다. "이게 다 갱년기 때문이지."라는 생각에 갑자기 웃음이 터졌다. 그 순간, 남편도 내 방으로 슬그머니 다가와 "우리 요즘 좀 웃기지 않아?"

라며 장난스럽게 내 손을 잡았다. 결국 서로를 마주 보며 껄껄 웃어버렸다. 서로에게 쌓였던 작은 감정들이 눈 녹듯 사라졌다. 이렇게 갱년기를 겪으면서도 우리는 서로를 이해하려 노력하며 작은 오해마저 웃음으로 풀어내고 있다.

이 시기는 마치 사춘기처럼 내 몸과 마음이 또 한 번 변화를 겪는 시간이었다. 감정은 쉽게 휘몰아치고, 몸은 예전 같지 않다는 생각에 한숨이 나올 때도 많았다. 하지만 그럴 때마다 남편과 함께 겪어낸 순간들이 우리를 더 단단하게 이어주었고 작은 다툼마저도 결국 우리를 더 깊이 이해하게 만드는 계기가 되었다.

우리가 함께한 29년의 발자국들은 우리 가족의 여정을 보여주는 지도와도 같다. 그 안에는 진주처럼 소중한 기억들이 담겨 있다. 돌이켜보면, 내가 사랑한 것은 언제나 가족이었고, 함께한 시간 속에서 가장 큰 기쁨과 위안을 찾았다. 그 시간들은 우리를 더욱 단단하게 이어주었고, 앞으로 나아갈 힘이 될 것이다.

이제 우리는 또 한 장의 새로운 이야기를 써 내려간다. 딸이 성인이 되어 자신의 길을 걷고, 아들이 새로운 도전에 나설 때에도, 우리는 서로를 응원하고 지지할 것이다. 때로는 작은 다툼이 있겠지만, 그 속에서도 우리는 더 깊이 이해하고 따뜻한 마음을 나눌 것이다. 평범한 일상이야말로 내 삶에서 가장 큰 축복임을 기억하며, 오늘도 이 순간을 소중히 살아가고 싶다.

6. 나를 사랑하는 연습

　내가 사랑하는 것들을 떠올릴 때면 늘 가족, 친구, 그리고 일과 같은 외적인 것들을 먼저 생각하곤 했다. 가족은 언제나 나의 중심이었다. 아이들의 웃음과 남편과의 따뜻한 대화는 나를 행복하게 만들었다. 그런데 어느 순간 정말 가장 사랑해야 할 대상은 나 자신이 아니었을까 하는 생각이 들었다.

　결혼 후, 남편과 아이들은 "사랑해."라는 말을 자주 했다. 그럴 때마다 나는 조금 어색해했던 것 같다. 진심으로 그들을 사랑하고 있었지만, 사랑을 표현하는 것이 내게는 쉽지 않았다. 어쩌면 내가 나에게조차 그런 따뜻한 말을 해본 적이 없었기 때문일지도 모른다.

어린 시절, 부모님께서는 나에게 많은 사랑을 주셨다. 그러나 그 사랑을 말로 표현하는 경우는 드물었다. 그 사랑은 당연하였지만 직접적인 표현보다는 묵묵히 챙겨주시는 방식이 대부분이었다. 그래서 나도 자연스럽게 감정을 표현하는 일을 어색해 하는 건 아닐까?

동생을 돌보는 과정에서도 나는 늘 철저하고 완벽해야 한다고 생각했다. 부모님이 나에게 기대하는 역할이 크다고 느꼈고 동생에게 도움이 되어야 한다는 부담이 늘 있었다. 그러다 보니 내 삶 속에서도 실수나 약점을 보이기보다는 항상 최선을 다해야 한다고 믿었다. 그 과정에서 나는 부모님의 사랑을 느꼈지만 나 자신에게 따뜻한 말을 건네는 법은 알지 못했다. 감정을 숨기고 책임감을 안고 살아가는 것이 당연하게 느껴졌다.

    이러한 완벽주의는 성인이 된 후에도 나는 여전히 완벽함을 추구하며 스스로에게 엄격하게 굴었다. 특히 가족과 함께 있을 때조차도 무언가를 완벽하게 해야 한다는 압박감이 나를 따라다녔다. 남편과 아이들이 "사랑해."라고 말할 때, 그 사랑을 온전히 받아들이지 못하는 나 자신을 발견하곤 했다. 진심으로 그들을 사랑했지만, 스스로 완벽하지 않다는 생각에 그 사랑을 표현하는 것도, 받는 것도 어색했다.

어느 날 거울 속에 비친 나를 보며 문득 스스로에게 질문을 던졌다. '나는 왜 나 자신에게 이렇게 인색할까?' 나에게조차 감정을 표현하지 않으니, 가족에게도 어색하고 서툴러서 그런 내 모습이 싫었다. 남들에게는 자주 "훌륭해.", "고생했어."라고 다정하게 말하지만, 정작 나 자신에게는 그런 말을 건넨 적이 거의 없었다는 사실을 깨달았다. 그 순간 나 자신을 돌보지 않았다는 것을 알게 되었다. 나에게 따뜻한 말 한마디를 건네는 여유조차 없었고, 그로 인해 가족들에게도 진정한 따뜻함을 전하지 못했다.

가족과 저녁 식사 중이었다. 남편과 아이들이 웃으며 이야기를 나누고 있었는데, 나는 무언가에 신경이 곤두서 있었다. 사소한 일들이 마음에 걸려서인지, 내내 차갑게 대했다. 남편이 나를 보고 "오늘 무슨 일 있어?"라고 조심스럽게 물었다. 나는 애써 괜찮다고 했지만 그 말투에는 짜증이 섞여 있었다. 남편이 잠시 멈칫하고는 아무 말 없이 고개를 끄덕였다. 아이들도 눈치를 보며 대화를 멈추는 것이 느껴졌다. 그 순간, 나는 가족들에게 불필요하게 냉정하게 대하고 있음을 깨달았다. 가족들은 내 표정과 말투에서 차가움을 느꼈을 것이다.

나는 아무것도 하지 않았다고 생각했지만, 그저 내 안의 감정을 표현하지 않고 억누르며 거리를 두는 것이 그들에겐 상처가 되었다. 식사가 끝난 후, 남편이 다가와 말했다. "요즘 왜 이렇게 무뚝뚝해? 무슨 일이 있으면 말해줘." 그때야 나는 나의 태도가 가족들에게 어떻게 비쳤는지 깨달았다. 남편과 아이들은 나를 이해하려고 노력했지만, 내가 그들에게 다가가는 법을 모르니 그저 어색한 침묵만 남게 되었다. 그 대화를 통해 나는 표현하지 않은 감정들이 어떻게 가족에게 차가움으로 전달되었는지를 알게 되었다.

그 이후로는 조금씩이라도 나 자신에게 먼저 따뜻하게 말하는 연습을 시작했다. 그러자 점차 가족에게도 조금 더 부드럽게 다가갈 수 있었다.

이런 일들이 있고 난 뒤부터 나는 나 자신을 사랑하는 연습을 조금씩 천천히 해보기로 했다. 완벽하지 않아도 괜찮다는 것을 스스로에게 허락하며 작은 다짐들을 실천해보기로 했다. 아침에 눈을 뜨면 "오늘도 충분히 잘할 거야."라고 나 자신에게 말해주고 하루가 끝나면 "오늘도 고생했어, 멋지다."라며 나를 칭찬해주는 작은 변화. 처음에는 어색했지만, 시간이 지나면서 그 작은 변화가 나를 조금씩 자유롭게 만들었다.

그 변화를 시작하게 된 첫 걸음은 글쓰기였다. 글을 쓰기 시작하면서 내 안의 감정들을 풀어내기 시작했다. 처음에는 나 자신을 마주하는 것이 두려웠다. 그렇지만 글쓰기는 내가 억누르고 있었던 감정들을 서서히 해방해 주었다. 글을 쓰는 동안 나는 나를 돌보는 일이 얼마나 중요한지를 깨닫게 되었다. 감정의 무게를 덜어내는 과정에서 나는 조금씩 더 가벼워졌고 마음의 여유도 되찾을 수 있었다.

우연히 인터넷에서 다른 사람들의 글을 보며 나도 용기를 내어 내 이야기를 나누기 시작했다. 뜻밖에도 많은 사람이 내 글에 공감해주었고 그들의 따뜻한 반응은 나에게 큰 힘이 되었다. 한 분의 댓

글이 특히 기억에 남는다. "마치 제 이야기 같아요. 같은 감정을 느끼고 있는 사람이 있다는 사실에 위로받았습니다." 그 순간 나는 글쓰기가 나만의 치유 도구일 뿐 아니라, 다른 사람들과 감정을 나누는 소중한 통로라는 것을 깨달았다.

지금도 나는 매일 글을 쓰며 나 자신을 조금씩 더 사랑하는 법을 배워가고 있다. 나에게 따뜻한 말을 건네는 연습을 하면서 나 자신을 돌보는 일이 곧 가족과의 관계에서도 따뜻함을 전하는 길이라는 사실을 깨닫고 있다. "사랑해."라는 말이 이제는 나에게도, 가족에게도 더 이상 어색하지 않다. 나 자신을 사랑할 수 있을 때 그 사랑이 자연스럽게 가족과 주변 사람들에게 전해지기 때문이다.

나는 여전히 완벽하지 않다. 하지만 이제는 완벽하지 않아도 괜찮다는 것을 안다. 내가 스스로에게 따뜻해질 때 나를 둘러싼 세상도 조금씩 부드러워진다. 글을 쓰는 매 순간, 나는 나 자신을 치유하고 있다. 그리고 그 치유의 끝에서 나는 비로소 나 자신을 있는 그대로 사랑하는 법을 배우고 있다. 이 여정이 끝나지 않기를, 조금 더 따뜻한 내가 되어가기를, 나는 오늘도 소망한다.

[에필로그]

 책장을 덮으며, 여러분은 어떤 감정을 떠올리셨나요? 일상에서 발견한 사랑하는 것과 행복을 다시 마주하며 그 속에 담긴 기억과 감정을 떠올린 시간은 단순한 독서 이상의 경험이 되었기를 바랍니다.

 삶은 결코 완벽하지 않습니다. 때로는 지치고, 때로는 눈앞의 현실이 무겁게 다가오기도 합니다. 하지만 그 속에서도 우리가 사랑하는 것들이 있다는 사실은 우리에게 다시 일어설 용기와 힘을 줍니다. 작은 웃음, 따뜻한 대화, 혼자만의 조용한 시간 등 우리가 소중히 여기는 모든 순간이 삶을 더 깊고 풍요롭게 만들어줍니다.

사랑하는 것들은 우리 곁에 늘 존재하지만, 의식적으로 마주하고 받아들일 때 비로소 그 가치를 온전히 느낄 수 있습니다. 사랑은 거창하거나 특별한 상황에서만 빛나는 것이 아니라, 가장 평범한 일상 속에서도 잔잔히 흐르는 감정입니다. 이 감정들이 우리를 살아가게 하고, 주변 사람들과 깊이 연결될 수 있도록 도와줍니다.

여러분만의 사랑하는 것들을 떠올리고, 그것들이 여러분의 삶을 어떻게 비추고 있는지 곰곰이 생각해 보는 시간이 되었기를 바랍니다. 우리가 살아가는 이유는 결국 사랑으로 채워진 순간들 덕분이 아닐까요?

    이 책이 작은 위로와 영감이 되었다면 그것만으로도 큰 기쁨입니다. 사랑은 우리를 연결하고, 삶을 더욱 따스하게 만듭니다. 여러분의 소중한 사랑이 앞으로의 시간들을 더욱 아름답게 비추길 바랍니다. 긴 여정을 함께해 주서서 고맙습니다.

2025. 1.

김소연

오늘은
찬란하게
빛날 거예요

초판 1쇄 발행 2025년 3월 12일

지은이: 우윤정, 김희배, 민강미, 이경자, 김소연
기획: 우희경
펴낸이: 우희경
펴낸곳: 밀크북스
등록번호: 120-98-28541
주소: 제주도 서귀포시 에듀시티로148 125동 4F
전자우편: milk_books@naver.com
출판신고: 2023년 10월 5일 제652-2023-000026호

ⓒ우윤정, 김희배, 민강미, 이경자, 김소연, 밀크북스
ISBN: 979-11-987789-4-9 (03990)

· 이 책에 실린 내용은 저작권법에 따라 보호를 받는 저작물이므로 무단 전제와 무단 복제를 금합니다.
· 이 책 내용의 전부 또는 일부 사용하려면 반드시 출판사의 동의를 받아야 합니다.
· 책값은 뒤표지에 있습니다.